Louis Benhedi & Pierre Macias

Les rêves prémonitoires

Préface de Bertrand Meheust

Éditions Dervy
204, boulevard Raspail
75014 Paris

PRÉFACE

La « bibliothèque dure » de la métapsychique va encore s'étoffer de cette nouvelle contribution de Louis Benhedi et Pierre Macias et qui porte, cette fois, sur le mystère de la précognition.

Ces livres sont précieux car ils contribuent à combler le gouffre séparant les recherches de la parapsychologie de la représentation vulgaire et appauvrie qu'en donnent aujourd'hui les médias. Je me répète donc, et sans le moindre scrupule : la parapsychologie ne s'enseignant pas, puisque officiellement son objet n'existe pas, ceux qui, en France, savent de quoi il retourne sont encore trop peu nombreux pour faire évoluer la situation. Cela signifie que l'interdit académique risque fort de durer encore un certain temps. Dans ce contexte, ce petit livre clair et bien documenté arrive à point nommé pour éclairer le lecteur sur la question la plus difficile de la parapsychologie. Il arrive à point nommé pour deux raisons : d'abord, parce que la connaissance du futur est chargée aux yeux de beaucoup d'un enjeu particulier; et ensuite, parce que les travaux consacrés à la précognition mettent en jeu des notions complexes de calcul statistique et des connaissances technologiques qui les rendent difficilement accessibles au lecteur non initié.

◆

Les expériences qui sont présentées dans ce livre sont la forme la plus récente prise dans notre civilisation scientifique par les anciennes pratiques divinatoires. Dans de nombreuses sociétés, la connaissance du futur est ritualisée et institutionnalisée, mais c'est en Grèce qu'elle a connu son plus grand développement. Apollon, Dieu solaire, dont l'arc porte à distance, dont le regard perce toute chose, est aussi le dieu de la raison, de la connaissance. Il est significatif que la culture qui a donné la plus grande place à la connaissance du futur soit aussi celle qui a donné naissance à la science et à la raison. Les historiens admettent ce fait depuis des décennies, ils reconnaissent que la divination a été le laboratoire de la future rationalité, mais ils ne peuvent aller jusqu'au bout de ce que cela implique puisque la connaissance du futur est toujours tenue pour impossible. Du coup, ils sont obligés de se livrer à des contorsions pour expliquer que la science et la philosophie sont nées d'une illusion, comme la chimie est née de l'alchimie. À ce débat, la parapsychologie moderne apporte une contribution nouvelle et bouleversante en montrant que les Anciens n'avaient pas rêvé, qu'il y a bien un fond de vérité dans les pratiques divinatoires, et que la connaissance du futur, jusqu'à un certain point, est possible. Elle parvient à cette conclusion surprenante en suivant deux voies différentes mais convergentes : par l'étude des textes historiques et des expériences spontanées ; mais aussi et surtout, plus récemment, par des expériences de laboratoire ingénieuses qui n'auraient pas été possibles sans les progrès récents de la technologie informatique.

◆

L'avant-propos de Louis Benhedi introduit un certain nombre de ces expériences spontanées, que nous avons tous entendu relater un jour ou l'autre par un proche ou par une connaissance. Grâce à ses émissions sur Sud Radio, Benhedi a pu entrer en contact avec des personnes qui ont vécu des expériences prémonitoires et réunir un corpus de récits, dont certains sont véritablement bouleversants. À les lire, on voit se dégager une structure. Le rêve prémonitoire, quand il annonce une mauvaise nouvelle, comme cela semble le plus souvent être le cas, est gluant, têtu, fatal, parfois terrifiant. Il est caractérisé par une intensité, par une charge d'angoisse qui le distingue des autres productions oniriques, et il comporte des détails singuliers et incongrus qui permettront, quand la prédiction se réalisera, de la repérer à coup sûr et de la distinguer d'un effet de hasard – je pense par exemple à l'histoire frappante de l'hélicoptère, que le lecteur découvrira dans les pages qui suivent. Toutes les familles ont des histoires de ce genre, et la mienne n'a pas été épargnée. En mai 1954, ma grand-mère maternelle, qui était d'origine belge, était allée veiller sa mère à l'agonie, près de Charleroi. Soudain, alors qu'elle se trouvait au chevet de la mourante, une impulsion brutale et irraisonnée l'a saisie, et elle demande à mon grand-père de rentrer en France. Elle ne savait pas pourquoi, mais il fallait impérativement qu'elle rentre. Mon grand-père a essayé en vain de la raisonner et, dans le malaise que l'on imagine, ils sont repartis sur le champ. Mon père – son gendre – a été tué dans un accident imprévisible le lendemain, et il a été enterré le même jour que mon arrière-grand-mère…

De nombreux récits dormants analogues attendent qu'on les exhume et qu'on les étudie. Leur étude ne peut certes pas nous fournir la preuve de la précognition, au sens fort que prend la notion de preuve dans les sciences de la nature ; mais elle peut certainement contribuer à l'apporter. Ces récits constituent un matériau qui doit être analysé à travers certains critères, aujourd'hui bien au point, qui permettent de faire parler les documents.

Quant à l'étude de Pierre Macias, elle se propose de faire le point sur les expériences qui ont été menées depuis Rhine pour parvenir à objectiver les faits de précognition. À lire ce texte bien documenté, on mesure le chemin qui a été parcouru depuis les années trente. On a commencé à travailler avec des cartes, et l'on utilise maintenant des générateurs aléatoires couplés en réseaux. On a commencé par chercher à prouver l'existence d'une réalité psi invisible et accessible uniquement par des biais statistiques, et on en est aujourd'hui à mettre en évidence des phénomènes de précognition collective, comme ceux qui semblent s'être produits quelques heures avant les attentats du 11 septembre 2001. La difficulté, pour le lecteur curieux, mais qui ne possède pas le savoir technique et le niveau en mathématiques, est de comprendre ces expériences au moins dans leur principe et d'en apprécier les résultats, car elles s'éloignent de plus en plus du sens commun et de la réalité quotidienne. Pierre Macias, informaticien dans l'industrie, est particulièrement bien placé pour les présenter au public. Il participe aux recherches en cours et s'occupe précisément d'un des ordinateurs du Projet Conscience Globale dirigé par Roger Nelson. Il nous présente dans ces pages avec clarté et précision le bilan des travaux que l'on a menés sur la précognition et examine pour conclure les hypothèses que l'on a proposées pour rendre compte de phénomènes aussi déconcertants. On sort de son livre avec la curieuse impression que la réalité du psi est encore plus surprenante qu'on ne l'imaginait, et qu'elle dévoile de nouvelles facettes à mesure que la technologie progresse. Qui pouvait imaginer, par exemple, que notre corps est averti d'une image choquante quelques secondes avant que la conscience en soit informée ? Qu'une émotion collective est capable de modifier des générateurs aléatoires ? Comment pouvait-on imaginer un fait aussi étrange avant l'invention des générateurs aléatoires ? Quel nouvel aspect du psi la technologie de demain va-t-elle encore nous révéler ? Où tout cela va-t-il s'arrêter ?

Pierre Macias ne se départit jamais de la sobriété qui sied à l'homme de science et il ne faut pas compter sur lui pour dramatiser les enjeux. Mais je m'autoriserai à le faire à sa place, en rappelant le formidable défi que ces faits de précognition constituent pour notre vision du monde, pour la science comme pour la philosophie.

Bertrand MEHEUST

AVANT-PROPOS

Pour les psychanalystes, les rêves permettent à notre inconscient de communiquer avec notre conscient. Freud y attachait beaucoup d'importance : « leur interprétation est la voie royale pour parvenir à la connaissance de l'âme » disait-il. Jung est allé plus loin en introduisant le concept selon lequel nos rêves peuvent nous aider à construire notre vie. Il suffit de les écouter, de les décrypter et d'être attentif à la résonance qu'ils peuvent avoir en nous. Cela dit, les rêves peuvent avoir une autre fonction.

Les rêves prémonitoires et les prémonitions sont des phénomènes connus depuis l'aube de l'humanité. À travers ces messages, une porte s'ouvre vers un futur plus ou moins proche avec plus ou moins de précision.

Des milliers et des milliers de témoignages attestent de la réalité des rêves prémonitoires. Il paraît déraisonnable de mettre en doute l'existence même du phénomène.

Alors pourquoi et comment ses messages du futur nous parviennent-ils ? Ils mettent à mal notre conception linéaire du temps. Il semblerait que la physique quantique puisse répondre à cette question dans un futur pas si éloigné que cela.

En attendant, des scientifiques étudient, compilent des témoignages et tentent des expériences.

Dans cet ouvrage, qui n'est pas une étude scientifique, Pierre Macias nous offre un tour d'horizon de ce qui s'est fait et de ce qui se fait actuellement dans ce domaine.

Je rapporte des témoignages reçus lors de mes émissions « Les Aventuriers de l'étrange » sur Sud Radio depuis plusieurs années.

Notre but n'est pas d'apporter des réponses que nous n'avons pas, mais de poser, le plus clairement possible, les questions que suscitent les rêves prémonitoires :

Notre avenir est-il écrit ? Pouvons-nous influer sur notre futur et éviter des catastrophes ou des drames ?

Quoi qu'il en soit, notre cerveau, qui reste un mystère pour la science, semble posséder des capacités naturelles extraordinaires qui restent à découvrir. C'est le terrain des explorateurs et des aventuriers du vingt et unième siècle.

TÉMOIGNAGES

FRANÇOISE

Nous ne sommes pas égaux devant les rêves prémonitoires. Même si certains considèrent que c'est le phénomène le plus répandu, nombre d'entre nous n'auront jamais l'occasion d'en vivre. Dans la partie étude scientifique de cet ouvrage nous reviendrons sur ce qui différencie un rêve prémonitoire d'un rêve « normal ».

Françoise a 82 ans, elle fait partie de ceux qui ont vécu plusieurs rêves prémonitoires. Elle m'a confié trois histoires qui, si elles ne constituent pas des preuves, laissent pour le moins perplexe.

Françoise nous transporte à Saïgon en 1951. À cette époque, cette partie du monde s'appelait l'Indochine. Elle était parmi ces milliers de français venus chercher fortune en Cochinchine, une colonie française qui deviendra plus tard le Viêt Nam après plusieurs années de guerre.

Elle laissa en France, aux bons soins de ses parents, son chat nommé Poussy.

Françoise y était très attachée et c'est le cœur lourd qu'elle dut se séparer de lui.

Six mois après son arrivée, elle fit un rêve étrange.

« POUSSY »

« Ce rêve était tellement choquant que je me suis réveillée en pleine nuit avec le cœur battant la chamade ! J'ai vu, en gros plan, mon chat avec la gorge tranchée. Il gisait inanimé sur une sorte de table noire avec cette plaie ouverte au cou... Rien que d'y repenser j'en ai des frissons. C'est vous dire la force de ce rêve.

Cette nuit-là, j'ai eu un mal fou à me rendormir. Au matin l'image de mon Poussy mort hantait toujours mon esprit. Je ne réussissais pas à me défaire d'un sentiment d'inquiétude alors que rien ne le justifiait.

Après le petit déjeuner j'ai décidé d'écrire une lettre à mes parents pour leur faire part de mon rêve et de cette peur qui me tenaillait. Je me souviens m'être dit en postant la lettre : « ma pauvre fille, tes parents vont croire que tu perds la boule ! ». Mon malaise était si présent que j'étais prête à passer pour une originale aux yeux miens.

Le téléphone était alors moins répandu qu'aujourd'hui. Les nouvelles mettaient du temps à parcourir les milliers de kilomètres qui nous séparaient.

Deux ou trois semaines plus tard, je reçus un courrier de France. Dans sa réponse ma mère m'expliquait que mon chat avait eu un abcès à la gorge. La gravité de son état avait nécessité une intervention chirurgicale. Le vétérinaire avait donc « tranché la gorge » de Poussy pour le soigner. De plus, la table sur laquelle il avait pratiqué cette opération était noire!

Enfin, cerise sur le gâteau, la nuit où j'ai fait ce rêve correspondait, avec le décalage horaire, au jour précédant celui où mon chat fut opéré…

Évidemment je fus surprise, mais je fus surtout soulagée de comprendre que je n'étais pas folle et que ce rêve avait un sens. »

Nous le verrons dans d'autres témoignages, le lien affectif entre deux êtres ou entre un maître et son animal de compagnie est un facteur déterminant dans la production de prémonitions ou de rêves prémonitoires.

Françoise, remise de sa surprise, avait oublié cet épisode lorsque, six mois plus tard, elle fit un autre rêve, tout aussi fort…

« La seconde fois où j'ai vu mon Poussy en rêve fut moins violente et moins inquiétante. Ma première expérience de ce type de phénomène m'avait sans doute permis de mieux gérer l'angoisse suscitée par ce genre d'événement.

Cette fois-ci j'ai vu mon chat tituber devant la maison de mes parents. Il souffrait de la patte arrière gauche. Il boitait bas et miaulait comme s'il appelait au secours.

Le lendemain matin j'écrivis une lettre à mes parents pour leur faire part de ce nouveau rêve. J'étais persuadée qu'il était arrivé quelque chose à mon chat.

Effectivement, plusieurs jours plus tard, leur réponse me confirma que mon chat avait été heurté par une voiture et blessé à la patte arrière gauche.

À la différence de la dernière fois j'avais rêvé cet accident quelques jours avant qu'il ne se produise.

En revanche, lorsqu'il décéda de vieillesse un ou deux ans plus tard je n'ai rien senti… Pourquoi ? je n'en sais rien. Mais je fus surprise qu'il ne m'ait pas prévenue. Finalement, j'en étais arrivée à la conclusion qu'il m'appelait au secours à chaque fois qu'il vivait quelque chose de douloureux. Poussy devait sans doute considérer que la mort n'était pas quelque chose de dangereux… Je me suis souvent posé la question sans en trouver la réponse. »

Le troisième rêve de Françoise est très rare.

Les rêves prémonitoires ont pour objet, dans la majorité des cas, des événements relatifs a des accidents, des événements heureux, mariages, rencontres, mais ils concernent rarement le loto !

« LA LOTERIE NATIONALE »

Après avoir vécu quelques années en Indochine Françoise et son mari s'installent en Afrique du Nord, au Maroc, alors sous protectorat français.

Nous sommes en 1956 à Casablanca. Le mari de Françoise jouit d'une situation aisée, ce qui permet au couple de couler des jours paisibles sous le soleil maghrébin.

« À cette époque, mon défunt mari avait une manie, je dirais même une obsession : La Loterie nationale ! Il ne se passait pas une semaine sans qu'il ne se livre à de savants calculs de probabilités, auxquels je ne comprenais rien, afin de découvrir le numéro gagnant. Je dois avouer que tout cela me passait largement au-dessus de la tête. Je me moquais totalement de ce jeu et de lui par la même occasion.

Et pourtant, une nuit je suis réveillée par un rêve vraiment bizarre. Je voyais des chiffres danser devant mes yeux. Une série de chiffres qui, j'en étais persuadée, formait le numéro gagnant de la Loterie nationale !

Afin de ne pas les oublier, je note ces chiffres sur un bout de papier que je laisse sur ma table de nuit et je me rendors aussitôt.

Le lendemain matin je montre le papier à mon mari et je lui dis tout de go que c'est le numéro gagnant. Sa réaction est immédiate: «Mais tu es folle ma pauvre chérie!».

Il n'empêche qu'il a couru tous les tabacs de Casablanca pour trouver le ticket correspondant au numéro qui m'était parvenu en rêve. En fin de journée, il est rentré dépité n'ayant pas pu mettre la main sur le fameux billet.

Le lendemain, en lisant le journal, j'ai pu constater que le numéro gagnant était celui auquel j'avais rêvé.

Mon mari a beaucoup moins ri que moi car le gros lot rapportait une somme importante.

Les rêves prémonitoires concernant l'argent sont rares et semblent être encadrés par une certaine éthique. Je n'ai jamais eu connaissance d'un gain extraordinaire perçu à la suite d'un songe. Pas de loto ou «d'Euromillion» gagné ainsi! En revanche, des petites sommes gagnées grâce à des rêves, et permettant à ses bénéficiaires de sortir d'une mauvaise passe, semblent être plus fréquentes.

Peut-être est-ce dû à une morale logée quelque part dans notre inconscient qui freinerait les rêves favorisant l'argent facile?…

CHRISTOPHE

238 000 EUROS !

Des rêves qui permettent de gagner une grosse somme d'argent au Loto ou au tiercé sont très rares. Personnellement, en plus d'une dizaine d'années d'émissions consacrées aux phénomènes paranormaux, je n'ai jamais eu de témoignage à ce sujet.

Il semblerait que l'argent, dans les rêves prémonitoires, soit soumis à une sorte d'éthique. Il permet de gagner juste de quoi se sortir d'une mauvaise passe ou, comme dans le cas de Françoise, de faire un pied de nez à un joueur impénitent.

Pour Christophe, c'est différent. Il a gagné sans gagner !

« Je ne suis pas joueur. Comme tout le monde, lorsqu'il y a une grosse cagnotte au Loto ou à l'Euromillion, j'y vais de mes deux euros mais sans plus.

Dans mon rêve, je suis dans un bureau de tabac. Le buraliste vient d'introduire mon billet de loterie dans sa machine et j'attends le verdict.

Il me dit avec un grand sourire: « Félicitations! Vous avez le ticket gagnant, vous avez gagné 238 000 euros mais vous n'êtes pas sur ma liste. Désolé… »

Ma joie fut de courte durée. Je proteste, Il me laisse vérifier et, en effet, mon nom n'est pas sur cette fameuse liste. Donc, malgré mon ticket gagnant, je n'ai pas gagné! Je ne peux pas empocher les 238 000 euros.

Imaginez mon état lorsque je me suis réveillé. Je ne savais que penser de ce rêve pour le moins bizarre. J'ai donc décidé, par acquit de conscience, de jouer une grille de loto. Je dois préciser que, dans mon rêve, je n'ai eu aucune indication quant aux chiffres gagnants.

Cette histoire, que j'ai raconté le matin à ma femme, a fait le tour de la famille et de mes collègues.

Deux jours plus tard, j'ai eu le fin mot de l'histoire. Dans mon courrier, ma fiche de paie m'attendait comme chaque début de mois avec un chiffre incroyable: 238 000 euros! J'ai aussitôt téléphoné à ma banque qui m'a confirmé que cette somme avait été virée sur mon compte par mon entreprise.

Mon salaire mensuel est de 2 800 euros net, or, la comptabilité s'est trompée de quelques zéros et m'a crédité de 238 000 euros. J'en ai, bien sûr, informé le service comptable de mon employeur et j'ai dû leur faire un chèque de la différence.

J'avais donc bel et bien gagné tout cet argent, mais j'ai dû le rendre. La somme était la même que celle de mon rêve. J'avais gagné sans gagner, je n'étais pas sur la bonne liste !! »

Un éclat de rire ponctua ce témoignage. Les prémonitions n'annoncent pas que des drames, la preuve.

ISABELLE

ISLAND

Si vous avez des amis amateurs de chevaux, vous avez dû noter que dans ce domaine il n'y a pas de demi-mesure, c'est la passion ou rien. Isabelle est l'une de ces passionnées. Elle en a fait sa profession et possède, dans la région bordelaise, son propre élevage.

« J'aime tous mes chevaux, bien sûr, mais je porte une affection toute particulière à une jument nommée "Island". C'est ma jument tout simplement et j'y suis très attachée.

Au moment où j'ai rêvé d'elle, je l'avais envoyée, depuis plusieurs jours, dans un haras en Normandie pour une saillie.

Dans mon rêve, elle est gestante et, dans une autre séquence, elle met au monde un très beau poulain bai.

Le lendemain matin, assez étonnée par la puissance de ce rêve, par sa netteté, son réalisme et surtout par cette impression de vérité qu'il m'avait laissée, j'ai appelé le haras pour avoir des nouvelles. La réponse fut formelle, elle n'était pas gestante.

Comme il était temps de la rapatrier à Bordeaux, je me suis promise de vérifier cela moi-même dès son retour.

Une fois Island dans son box, j'ai fait venir le vétérinaire qui a confirmé ce que j'avais rêvé : elle était bien gestante.

L'histoire ne s'arrête pas là. Quelques mois plus tard, la naissance du poulain s'est déroulée exactement comme dans mon rêve. De plus c'était un très beau poulain bai. »

Les relations étroites entre les animaux et leur maître occasionnent souvent des phénomènes paranormaux comme la télépathie ou, dans le cas d'Isabelle, une transmission d'informations entre Island et sa maîtresse.

Le sujet des phénomènes paranormaux chez les animaux est passionnant. J'y consacrerai un volume de cette collection, « Aventurier de l'étrange ». Il existe des études scientifiques étonnantes et des témoignages émouvants.

La seconde prémonition d'Isabelle est beaucoup moins joyeuse. Les drames, et les émotions qu'ils suscitent, sont souvent les facteurs qui déclenchent les phénomènes psi.

10H54...

« Le second événement bizarre de ma vie n'est pas à proprement parler un rêve prémonitoire. Il s'agit plutôt d'une prémonition.

Dès le réveil, vers 5 heures du matin, j'ai été saisie par un malaise accompagné d'une angoisse très forte. Il s'agissait de ma mère. À cette époque elle était très malade. Après plusieurs mois d'hôpital, elle fut autorisée à rentrer à la maison. Elle était sous assistance respiratoire et son état de santé nous laissait présager le pire.

Sans attendre une heure décente, j'ai appelé mon père afin de prendre des nouvelles de maman.

« Tout va pour le mieux, ne t'inquiète pas » m'a-t-il répondu. En effet je devais prendre l'avion pour Paris le matin même et être absente durant deux jours. Au fur et à mesure que je finissais de me préparer, mon angoisse augmentait. Elle dura tout au long du trajet jusqu'à Mérignac et elle était

toujours présente lors de mon embarquement dans l'avion.

Elle était si intense, qu'à mon arrivée à Paris Orly, je décidai de rebrousser chemin, de rentrer immédiatement à Bordeaux. En attendant l'avion du retour, j'annulai tous mes rendez-vous.

Lors du voyage le malaise était insoutenable. Je n'ai pas cessé de pleurer.

Soudainement, mon état a changé. Plus d'angoisse, plus de malaise, plus rien ! Je fus tellement surprise que j'ai eu le réflexe de demander l'heure à mon voisin de siège. Il me répondit : « 10 h 54… ».

Je me suis précipitée chez mes parents où une triste nouvelle m'attendait. Mon père ouvrit la porte et, à son regard, j'ai compris. Il m'annonça le décès de ma mère. Elle s'était éteinte à 10 h 54 précisément. Cette journée fut très triste.

Je suis incapable d'expliquer ce que j'ai vécu avec tellement de douleur et de force. La seule chose que je puisse affirmer, est que je l'ai bel et bien vécu. »

Aucun des frères et sœurs d'Isabelle n'a ressenti le « départ » de leur mère. Peut-être est-elle plus sensible et plus réceptive aux phénomènes psi que les autres membres de sa famille ? Isabelle a littéralement vécu le décès de sa mère en direct, jusqu'à son dernier souffle à 10 h 54.

Comment s'est établi ce lien ? Par quel biais ? La science n'a pas encore de réponse à ces questions même si des expériences sont en cours. Nous les détaillons largement dans la partie études scientifiques de cet ouvrage.

AURÉLIE

GRAND-PÈRE EST VENU ME VOIR

Les rêves ont leur propre langage et ceux qui les vivent doivent en découvrir la clé.

Dans le cas d'Aurélie, c'est un parent décédé qui vient annoncer une mauvaise nouvelle.

« Originaire du Nord, je vis à Mulhouse depuis plusieurs années. Chaque été nous descendons dans le Sud pour faire le plein de soleil.

Nous étions en pleins préparatifs, depuis une semaine quand, trois nuits de suite, j'ai fait le même rêve troublant.

Dans ce rêve, mon grand-père, décédé depuis plusieurs années, venait me voir au pied de mon lit. Il restait là quelques instants en me souriant puis il disparaissait sans un mot.

Le premier matin je n'y ai pas accordé beaucoup d'importance. J'en ai parlé avec mon mari et nous

nous sommes dits qu'il s'agissait d'un songe banal et sans conséquences. Malgré tout il subsistait, au fond de moi, la certitude que ce rêve n'était pas comme les autres ; qu'il recélait un message que je ne réussissais pas à saisir. Mon grand-père voulait me dire quelque chose que je ne saisissais pas.

Au troisième matin, ma décision fut prise.

Mon grand-père est enterré près de Lille où vivaient toujours mes parents. Je décidai d'aller me recueillir sur sa tombe.

Conscient de perdre deux jours de vacances, mon mari accepta volontiers.

La première chose que je fis, en arrivant chez mes parents, fut de leur raconter mes rêves. Mon père éclata de rire alors que ma mère fut plus soucieuse.

« Au moins, grand-père aura fait que vous veniez nous voir ! » dit mon père.

Je suis allé me recueillir sur sa tombe en espérant une réponse, un signe qui me mettrait sur la voie. Rien ne se produisit.

Nous avons passé une bonne soirée chez mes parents, un repas agréable et détendu avec la promesse de vacances au soleil.

Au milieu de la nuit, un cri nous réveilla, mon mari et moi. C'était ma mère. Mon père était inconscient. Le SAMU est arrivé très vite à la maison, mais il était déjà trop tard. Papa était décédé d'une rupture d'anévrisme.

Je compris enfin le message de mon grand-père. Grâce à lui, j'ai pu passer une dernière soirée avec mon père… le voir une dernière fois avant qu'il ne s'en aille. »

CAROLE

LE CANAL NOIR

Un sentiment d'angoisse, une impression inexplicable de vérité habite ceux et celles qui vivent un rêve prémonitoire. En revanche, il est plus rare qu'il soit suivi d'une envie d'action. C'est ce qu'a vécu Carole, mère de deux filles.

« Je n'ai vécu qu'un seul rêve prémonitoire et sincèrement je n'ai pas très envie d'en vivre un second. J'ai eu la sensation de ne plus me contrôler pendant quelques minutes. A posteriori, ce fut très effrayant.

Dans mon rêve, je me promenais avec mes deux grandes filles au bord d'un petit canal assez sordide. L'eau y était noire. Des morceaux de ferraille, des déchets traînaient sur les berges. Il faisait très beau, cela ressemblait à une promenade dominicale, sauf que le décor était franchement glauque.

Ma fille aînée me dit tout d'un coup : « Il fait chaud, je vais me baigner ! ». Aussitôt dit, aussitôt fait, elle plonge toute habillée dans cette eau immonde.

Je me suis mise à crier, lui hurler de revenir sur le bord, mais elle ne m'écoutait pas. Mon autre fille me dit alors d'un air détaché : « Laisse la faire, maman. Après tout si elle veut se noyer ça la regarde. ».

Éberluée par son attitude, je ne sus quoi répondre. Mon regard allait de ma fille en train de se noyer dans cette eau noire et mon autre fille regardant le spectacle d'un œil désinvolte.

Je me suis redressée dans mon lit avec un sentiment de colère incroyable. J'étais tellement en rogne que j'ai eu toutes les peines du monde à me rendormir.

Le lendemain matin, ce rêve me hantait toujours. J'avais beau essayer d'en comprendre sa signification, de tenter des interprétations, rien ne me satisfaisait. J'avais l'étrange sensation que ce rêve avait un fond de vérité mais qu'il ne concernait pas mes filles (qui ne vivaient plus à la maison depuis longtemps).

Toute la journée se passa avec ce rêve présent à l'esprit. Il faut que vous sachiez que chaque jour, je prenais la même route pour me rendre à mon travail. Le jour suivant, après une nuit calme, je pris le chemin habituel. Mais à un feu, alors que j'aurais dû partir tout droit, sans explication, j'ai tourné à droite. Durant une vingtaine de minutes, j'ai roulé dans un état second. Je n'étais plus moi-même.

Je me suis retrouvée garée à côté d'un petit canal glauque d'une zone industrielle. Au loin j'ai aperçu un attroupement de gendarmes. Je me suis approchée et j'ai appris qu'ils venaient de découvrir le corps d'un homme qui s'était suicidé la nuit même après avoir tué et sa fille et jeté son corps dans l'eau. J'étais tellement secouée que je n'ai pas pu aller travailler ce jour-là. »

Carole a mis plusieurs mois à se remettre de cette aventure traumatisante. Même si le drame ne la touchait pas personnellement, elle se pose toujours cette question : pourquoi moi ? Pourquoi ai-je reçu ce « message » une nuit avant que cet homme qu'elle ne connaissait pas passe à l'acte ?

« Pourquoi moi ? Alors que tout cela ne me concerne pas ? » m'a-t-elle dit à l'antenne.

Elle a même consulté un psychothérapeute pour tenter d'y voir plus clair. Malheureusement, en l'état actuel des connaissances scientifiques, les questions de Carole restent sans réponses.

Sans doute était-elle, durant cette période, dotée d'une sensibilité accrue. Peut-être que le fait qu'une jeune femme du même âge qu'une de ses filles soit morte dans des conditions violentes y est pour quelque chose. Pour l'instant, on doit se contenter d'hypothèses.

Que dire de son « état second » lorsqu'elle s'est rendue sur les lieux du crime ? Un phénomène de voyance lui aurait indiqué, de manière inconsciente, l'itinéraire ? Un lien ténu ce serait tissé entre l'événement et elle, un lien qui ne se serait dissous qu'au moment où Carole prend connaissance de la réalité ?

MATHIEU

LA DERNIÈRE MARCHE

Mathieu n'a fait qu'un seul rêve prémonitoire dans sa vie. Comme Carole, il ne tient pas à revivre une expérience aussi traumatisante.

« Cela a eu lieu il y a une dizaine d'années. Je vous avoue qu'il ne se passe pas un mois sans que je n'y repense. De manière fugitive, certes, mais il est toujours là, quelque part en moi.

J'ai fait ce rêve quatre nuits d'affilée, toujours le même.

J'habite un petit immeuble en centre-ville dans une rue très fréquentée. Cette vieille bâtisse a une volée de quatre marches avant d'arriver sur le perron et accéder à la porte d'entrée.

Mon rêve était très court : je sors de chez moi et systématiquement je trébuche sur la dernière marche avant de m'étaler sur le trottoir, le visage face à la rue. À ce moment précis, un corbillard noir passe au ralenti devant moi.

Le premier matin, je me suis levé avec une boule d'angoisse dans le ventre. Cette sensation ne m'a pas quitté de la journée.

Au fur et à mesure que les jours se succédaient, mon angoisse augmentait. Ce rêve devenait obsédant, je ne pensais qu'à ça. C'était d'autant plus dur à vivre que j'étais persuadé qu'il recelait un message important. J'ai même examiné la dernière marche pour y déceler un défaut, une réponse, sans succès.

Le quatrième jour, j'ai eu ma réponse. Je vous avoue que je m'en serais bien passé. En rentrant à la maison en fin de journée, j'ai aperçu une voiture de policiers garée devant l'immeuble. Une foule finissait de se disperser.

Un voisin m'a raconté ce qui venait de se passer. Le petit garçon de ma voisine est sorti en courant. Il a trébuché sur les marches et, emporté par son élan a continué sur la rue sans pouvoir se retenir. Une voiture passait à ce moment-là. Le conducteur a freiné mais n'a pas pu éviter le choc. Le petit est mort sur le coup.

J'étais littéralement tétanisé.

J'ai eu du mal à supporter cet événement d'autant que je me dis que j'aurais peut-être pu éviter ce drame. Je traîne depuis un sentiment de culpabilité… »

Sentiment de culpabilité, le terme est lâché. C'est un sentiment compréhensible, mais il était impossible, pour Mathieu, d'envisager le drame qui s'est déroulé. Sa prémonition était trop symbolique pour qu'il puisse la comprendre. Son entière signification ne s'est révélée qu'à la lumière de la triste réalité.

Mathieu n'y pouvait rien.

SOPHIE

LES SIGNES...

Sophie vit dans le Sud-Ouest à côté de Mont-de-Marsan, dans les Landes. Elle enseigne le français à des élèves de collège.

Son témoignage est aussi complexe qu'émouvant. Lorsqu'elle est intervenue dans mon émission pour nous raconter ce qu'elle avait vécu, le temps s'est suspendu. Ce témoignage fait partie des moments forts de la carrière d'un animateur de radio.

1er jour :

« Tout cela s'est passé il y a cinq ans.

Ma fille venait de terminer son cursus universitaire, elle était à la maison depuis trois semaines et s'apprêtait à partir rejoindre un groupe d'amis pour travailler durant les vacances.

Je suis rentrée à la maison en fin d'après-midi, après être allée faire les courses. Dès que j'ai franchi le pas de la porte j'ai senti que quelque chose n'allait pas.

Milène, ma fille, était assise à la table de la cuisine. À sa manière de me regarder, j'ai compris qu'elle avait un problème.

– "Maman, est-ce que tu penses que j'ai un problème psychologique ?"

Je n'ai pas pu m'empêcher de sourire.

– "Bien sûr que non ma chérie, qu'est ce qui te fait dire ça ?"

– "Tout à l'heure, je suis allée à la Mairie à pied. Durant tout mon parcours j'ai entendu une voix qui m'appelait « Milène, Milène, Milène... Je me suis retournée plusieurs fois pour comprendre d'où venait cette voix, mais je n'ai rien vu. J'ai même failli entrer dans un poteau à force de chercher."

Ma fille était extrêmement troublée par cette voix sortie d'on ne sait où. Moi-même j'étais pétrifiée. Fallait-il aller consulter un médecin, un psychiatre, un prêtre ?

Nous n'en avons pas reparlé de toute la soirée.

2e jour :

« Milène avait l'habitude de se lever entre 11 h et midi. Elle disait ne pas aimer voir le jour se lever.

Le lendemain matin elle est arrivée dans la cuisine à 8 heures en me disant que la voix l'avait réveillée !

J'ai tenté de la rassurer, de la raisonner et surtout de ne pas lui montrer que je devenais de plus en plus inquiète.

L'après-midi, elle devait partir à Bordeaux chercher un appartement pour elle et son ami. Elle était tellement perturbée que nous avons jugé plus opportun de remettre cette démarche au lendemain.

Je pleure rarement, mais le soir même, alors que je préparais le repas, je fus victime, sans aucune raison, d'une crise de larmes très intense.

Lorsque ma fille s'est aperçue que je pleurais, elle m'a interrogée. Son ami est également venu me réconforter, mais leur sollicitude n'y put rien. »

3e jour :

« *Au matin du troisième jour, Milène est arrivée dans la cuisine vers 8 heures du matin, de la peur plein le regard.*

– « *La voix m'a encore réveillée* »

Je l'ai prise dans mes bras pour la réconforter, elle était totalement bouleversée.

Un second événement s'est produit, la même journée, durant le repas de midi. Nous étions tous réunis, lorsqu'elle s'est vivement bouchée les oreilles en nous disant :

– « Taisez-vous ! Taisez-vous ! J'entends le rotor d'un hélicoptère. Il passe juste au-dessus de ma tête. Vous n'entendez rien ?

Nous étions, son ami et moi, stupéfaits. Je ne comprenais plus ce qu'il se passait dans la tête de ma fille. À l'extérieur il n'y avait aucun bruit d'hélicoptère. Elle était la seule à l'entendre.

Je vous laisse imaginer la suite du repas. Nous avons essayé de comprendre. Aucun d'entre nous, et encore moins Milène, n'avions le début d'une explication.

Durant tout le reste de l'après-midi, elle a rangé sa chambre et son bureau. Elle venait de terminer ses études et elle allait être absente durant la plus grande partie des vacances.

Vers la fin de la journée, elle est allée, avec son ami, faire un tour en ville.

Cinq minutes plus tard, j'ai entendu passer une ambulance qui filait dans la direction qu'ils avaient prise. Je me suis entendu dire à voix haute « c'est pour eux ! ».

Je n'étais pas dans mon état normal, à mi-chemin entre le rêve et la réalité. Bizarrement, je me suis fait un film, comme disent les jeunes gens, depuis l'accident jusqu'à son enterrement. J'étais dans une sorte de rêverie morbide plus forte que ma raison.

Deux heures après j'ai entendu leur moto entrer dans l'allée. Au lieu d'être rassurée, toujours dans cet état second, j'ai dit à voix haute : « de toute manière, si ce n'est pas pour aujourd'hui, c'est pour demain… ».

Une étrange atmosphère planait dans la maison de Sophie. Tous les éléments se mettaient en place pour une fin tragique.

4e jour :

« Le lundi matin Milène s'est levée normalement, le visage frais et reposé. Aucune voix n'était venue troubler son sommeil. Elle avait décidé d'aller, avec son ami, à Bordeaux afin de trouver un appartement. Je devais aller au collège de bonne heure et nous sommes tous sortis tôt le matin.

Nous nous sommes dits au revoir à l'extérieur. Milène ne voulait pas partir, elle n'avait pas envie de quitter la maison.

Je l'ai motivée, je lui ai remonté le moral en lui parlant de l'avenir, de leur futur nid bordelais.

Cédant à mes arguments, elle a mis son casque et elle est montée sur la moto. Nous avons échangé un dernier regard puis l'engin s'est éloigné.

À cet instant précis, une intuition fulgurante m'a traversée : c'est la dernière fois que nous nous voyons… J'en avais la certitude.

Il était 16h30 lorsque le proviseur du collège est entré dans la salle des professeurs où j'étais en train de travailler. J'ai lu dans son regard qu'il avait une nouvelle grave à m'annoncer. J'ai compris qu'il s'agissait de ma fille. J'étais prête à entendre la terrible nouvelle. Victime d'un accident de la route, elle est décédée en fin de matinée à l'hôpital.

L'enterrement :

« Les obsèques ont eu lieu trois jours plus tard. Le corps de ma fille fut apporté devant l'église et nous attendions à l'extérieur afin d'entrer à la suite du cercueil.

À ce moment précis un hélicoptère de l'armée a surgi au-dessus de l'église. Il est resté quelques secondes en vol stationnaire à la verticale du cercueil de Milène avant de reprendre de l'altitude et de disparaître derrière les toits.

J'ai appris, plus tard, qu'il s'agissait d'un ami de ma fille qui n'avait pas pu avoir une permission pour assister aux funérailles de Milène. Il s'était arrangé avec son supérieur pour lui rendre un dernier hommage en survolant l'église. »

Bien entendu cet ami n'avait jamais entendu parler du bruit d'hélicoptère que Milène avait entendu lors du repas dominical.

Plusieurs questions restent en suspens après ce témoignage. Pourquoi cette voix dans la tête de Milène ? D'où venait-elle ?

Les prémonitions et les sentiments se mélangent de manière complexe. Il n'en reste pas moins que les quatre derniers jours de la vie de Milène ont été émaillés de signes comme nous l'a confié Sophie, sa maman.

RICHARD

RENDEZ-VOUS AVEC LA MORT

Le témoignage de Richard est un cas de prémonition à très longue échéance.

Il s'est passé treize ans entre son rêve et sa réalisation.

« Toute ma famille connaît cette histoire depuis très longtemps. Cela a commencé la veille de mon dix-septième anniversaire. Cette nuit-là, j'ai rêvé que j'avais un rendez-vous avec la mort pour mon trentième anniversaire.

Je vous laisse imaginer mon état d'esprit le matin au réveil ! C'était un drôle de cadeau.

Bien qu'inquiète, ma mère m'a rassuré tant bien que mal et finalement la fête organisée en mon honneur s'est bien déroulée.

Malgré les rires et les cadeaux, je gardais une part d'angoisse au fond de moi. Sans pouvoir l'expliquer, j'étais persuadé que je mourrais le jour de mes 30 ans. J'ai donc vécu avec cette idée durant toutes ses années.

Au fur et à mesure que l'échéance arrivait, l'appréhension grandissait. Cela ne m'empêchait pas de vivre mais il ne se passait pas une semaine sans que ce rêve ne revienne me déranger. Le jour de mon trentième anniversaire est arrivé.

Toute ma famille tenait à être présente pour m'aider à surmonter mon angoisse et à me prouver que ce rêve, et la peur qu'il engendrait, n'étaient que le fruit de mon imagination. Nous avions tous rendez-vous chez mon oncle pour le repas de midi.

Tout le monde était là sauf ma grand-mère. Au bout d'une demi-heure nous avons commencé à nous inquiéter. Comme son téléphone ne répondait pas, nous avons décidé, mon oncle et moi, de nous rendre chez elle. Nous avons frappé à sa porte, appelé, sans succès. Heureusement la concierge avait un double des clés de son appartement.

Je suis entré le premier et j'ai découvert le corps de ma grand-mère dans l'entrée.

Elle était sur le point de partir, lorsqu'une crise cardiaque l'avait foudroyée.

Le jour de mon trentième anniversaire, j'ai donc bien eu rendez-vous avec la mort. Mais ce n'était pas la mienne.

Ma famille fut très troublée par cette espèce de prophétie qui a mis treize ans à se réaliser »

JOSIANE

LA BOULE DE MÉTAL

Le rêve prémonitoire peut délivrer des informations concernant le futur, mais il peut aussi concerner des événements du passé. C'est ce que Josiane a vécu.

« Depuis cette nuit-là je sursaute dès que le téléphone sonne tard dans la soirée.

Il y a quelques années j'ai vécu un rêve traumatisant. J'en revois encore les images. Mon souvenir est extrêmement précis malgré le temps.

Ce soir-là je suis allée me coucher très tôt, vers 22 h 30. J'étais épuisée après une grosse journée de travail.

Dans mon rêve, je suis enfermée dans une boule de métal qui dévale une pente. Je suis ballottée dans tous les sens. Je hurle, effrayée. C'est un véritable cauchemar !

Tout à coup, le téléphone s'est mis à sonner. Je me suis redressée en sueur, avant de décrocher le combiné posé sur ma table de nuit. C'était Stéphane, mon frère.

"Allo, Josiane ?

– Oui ! Tu m'a réveillée en plein cauchemar..."

– "Je viens de recevoir un coup de fil des gendarmes, Papa vient de se tuer dans un accident de voiture. Il a raté un virage. La voiture est partie dans un petit ravin. Il a fait plusieurs tonneaux."

L'accident s'était produit aux environs de 22 h 30 lorsque je suis allée me coucher. Mon frère m'a appelé à 00 h 45, j'ai quasiment vécu son accident à quelques minutes près. Je l'ai senti comme une onde, un écho qui est arrivé jusqu'à moi... »

Il ne s'est passé qu'un peu plus d'une heure entre le rêve (ou plutôt le cauchemar) de Josiane et l'accident. Son cerveau a capté une situation dramatique, les tonneaux que la voiture de son père était en train de faire, de manière fragmentaire. Ceci expliquerait la distorsion qui s'est produite entre la réalité et le rêve. La voiture est devenue une boule de métal et Josiane a pris la place de son père.

Elle a vécu une prémonition vers le passé, autrement dit une rétrocognition. Les deux phénomènes étant une acquisition d'informations cachées, distantes, mais réparties dans le temps.

IONEL

L'HÉLICOPTÈRE BLEU

Le rêve prémonitoire n'est pas forcément rigoureusement exact. Dans la plupart des cas il possède un aspect symbolique.

Il appartient à celle ou celui qui l'a fait, d'interpréter cet aspect en fonction des événements qu'elle ou qu'il va vivre.

C'est ce qui est arrivé à Ionel, un père de famille de 44 ans résidant à l'orée d'une forêt dans le Var.

Il a l'habitude de se laisser réveiller, à 6 heures 30, par le doux arôme du café.

Ce matin-là, Ionel est déjà assis dans la cuisine lorsque la cafetière programmable se met en marche. Un rêve troublant repasse sans cesse dans son esprit depuis une demi-heure.

« J'habite une maison à la sortie d'un village dans le nord du Var. De la fenêtre du salon, j'aperçois la lisière du bois communal et les prés du fermier voisin.

Je n'ai pas pour habitude de me rappeler de mes rêves. Il me semble même que cela ne m'est jamais arrivé.

Ce matin-là, c'est un rêve qui m'a réveillé et il a provoqué en moi un sentiment bizarre. L'impression inexplicable et angoissante d'avoir vu l'avenir, d'avoir ouvert et refermé une fenêtre sur le futur.

Dans mon rêve je suis sur ma terrasse. Je regarde le paysage : le bois, les prés… Soudain, j'entends un rotor. Je lève les yeux et je vois un hélicoptère bleu de la gendarmerie qui passe au-dessus de ma maison pour aller en direction du bois. Il vole à basse altitude. Manifestement il cherche quelque chose ou quelqu'un. Après l'avoir vu contourner les arbres, je sens qu'il va se passer un drame. L'engin se met à tanguer dangereusement avant de s'écraser hors de mon champ de vision.

Comment ? Par quel artifice ? Je ne saurais pas vous l'expliquer, mais, je me retrouve à côté de la carcasse fumante. À l'intérieur du cockpit, je reconnais le pilote. Il s'agit d'une personne que je croise de temps à autre dans le village. C'est un homme que je ne connais pas personnellement, je ne le connais que de vue.

Je me suis réveillé en sueur, j'avais encore l'odeur de la fumée dans le nez. Cette odeur âcre de pneus brûlés et d'huile de moteur calciné.

Ce rêve m'a hanté toute la matinée jusqu'à ce que, vers midi, un gendarme vienne frapper à notre porte.

Il nous a montré la photo d'une personne que je croisais quelques fois dans le village. Il avait disparu depuis deux jours. Selon certains éléments de l'enquête, ils craignaient le pire. Après quelques questions, il est parti. Je n'ai évidemment rien dit de mon rêve, j'avais trop peur qu'il me prenne pour un cinglé !

Une heure plus tard, alors que nous mangions en famille sur la terrasse, nous avons entendu le bruit d'un hélicoptère. Il se rapprochait de la maison. J'ai senti un frisson me parcourir et l'angoisse que j'avais ressentie le matin au réveil est revenue. Un peu paniqué, je fis rentrer les enfants. J'avais peur que l'engin ne s'écrase. Je ne voulais pas que mes enfants soient les témoins d'un drame.

L'hélicoptère bleu de la gendarmerie surgit de l'arrière de la maison, il volait en rase-mottes. Il cherchait la personne disparue dont le gendarme nous avait parlé. J'avais les yeux rivés sur l'engin.

Après avoir accompli un arc de cercle il s'est posé derrière le rideau d'arbre, sans s'écraser.

Une demi-heure après j'ai appris que le corps de la personne recherchée fut retrouvé à l'entrée du bois. En revanche, ce n'était pas l'homme que j'avais vu dans mon rêve. »

Que penser du rêve de Ionel ? Il contient plusieurs points communs troublants avec la réalité mais également plusieurs décalages.

C'est comme si l'information lui était parvenue avec une légère distorsion. Un hélicoptère bleu a bien surgi de l'arrière de sa maison pour voler vers le bois mais il ne s'est pas écrasé. Cependant, il s'est bien posé hors de sa vue à l'endroit où, dans son rêve, il était tombé.

Le second point concerne la personne décédée. Il s'agit, dans le rêve et dans la réalité, d'un membre du village, d'une connaissance. Mais ce n'était pas la bonne personne.

Que doit-on en penser ? Il est difficile d'ignorer tous les points communs entre son rêve et la réalité et nous savons qu'il est fréquent que certains rêves prémonitoires aient un léger décalage avec la réalité.

À quoi est-ce dû ? Une fois l'information acquise par le cerveau, par un processus qui nous échappe, elle est traitée de manière à être régurgitée sous la forme d'un rêve.

C'est pendant cette « adaptation » que les distorsions se mettent en place : une personne du village est bien décédée de manière violente mais pas dans un crash d'hélicoptère. L'identité n'est pas la bonne, mais la victime fait partie du même groupe de personnes, de connaissances de Ionel.

Donc, dans le cas de Ioncl, l'hypothèse du rêve prémonitoire peut-être raisonnablement conservée.

JEAN-PIERRE

LA PROMESSE

Selon plusieurs études, que Pierre Macias relate dans la partie « études scientifiques » de ce livre, les rêves prémonitoires se réalisent généralement dans les deux mois qui les suivent.

Le témoignage de Jean-Pierre en est la démonstration.

Jean-Pierre a un frère aîné, Alexandre. Comme souvent, de façon naturelle, le grand frère veille sur le « petit ».

Un jour, Alexandre dit à Jean-Pierre : « Il faut que tu me fasses la promesse de ne jamais monter dans un avion ! Ta vie serait en danger… »

Jean-Pierre éclate de rire, mais devant le visage grave de son frère se ravise aussitôt et demande quelques explications.

Alexandre a vu, en rêve, un avion s'écraser et le visage de Jean-Pierre hurlant de terreur. Touché par l'émotion de son aîné, il promet de ne jamais mettre les pieds dans un engin volant, quel qu'il soit.

Ils avaient, alors 17 et 15 ans.

Plusieurs années après, c'était encore l'époque où les jeunes Français, de 18 à 25 ans, devaient consacrer une année de leur vie au « service militaire », Jean-Pierre reçoit son affectation : il doit rejoindre une base de l'armée de l'air !

Alexandre rappelle la promesse faite par son cadet et insiste à nouveau : « tu me jures que tu ne monteras pas dans un avion ! »

Le petit frère est affecté à un poste au sol.

« Il ne se passait pas un mois ou une permission sans que mon frère ne me redise qu'il ne fallait pas monter dans un avion. C'était même devenu un sujet de plaisanterie pour notre bande d'amis. Mais Alexandre, lui, ne riait pas. Je sentais qu'il était réellement inquiet alors qu'il est d'un naturel joyeux et insouciant.

À la fin de mon service militaire le commandant du régiment proposa à tous les jeunes appelés de faire un baptême de l'air à bord d'un avion de transport de troupes. Il s'agissait d'un vol d'une demi-heure au-dessus de la région.

Tous mes camarades acceptèrent avec joie ce cadeau. En ce qui me concerne, je fus à deux doigts de m'inscrire mais la promesse faite à mon frère me fit décliner l'offre un peu malgré moi je l'avoue.

Il faisait beau ce jour-là. Un temps idéal pour voler. J'étais resté sur le tarmac à observer mes amis monter dans l'avion.

Trente minutes plus tard quelqu'un arriva en courant le visage défait : "Jean-Pierre, l'avion de nos copains s'est crashé, il y a des morts !!!"

Il m'est impossible de vous décrire ce que j'ai ressenti à ce moment-là. Un mélange de soulagement, de frayeur, de panique… C'est indescriptible. Plus tard, j'ai remercié mon grand frère d'avoir tant insister… »

Les rêves prémonitoires, en principe, se réalisent dans les quelques jours qui suivent. D'autres, plus rarement, attendent jusqu'à deux mois En revanche, les rêves prémonitoires qui se réalisent plusieurs années après sont assez rares.

Ce rêve est-il prémonitoire ? Après tout, nous sommes en droit de nous poser la question. Deux éléments tendent vers cette hypothèse.

L'avion qui s'écrase, dans le rêve et dans la réalité, est un premier élément. Un second élément réside dans la relation évidente entre ce drame et le frère du rêveur.

Dans le rêve d'Alexandre, une fenêtre s'est ouverte sur le futur ce qui, cela est incontestable, a sauvé la vie de Jean-Pierre.

GISÈLE

JE N'ÉTAIS PAS FOLLE…

Établie depuis quelques années avec son mari dans la région bordelaise, Gisèle est enceinte de six mois lorsqu'elle vit son premier rêve prémonitoire. Il y a trente ans de cela mais cet événement reste gravé dans sa mémoire.

« En règle générale, je ne me souviens jamais de mes rêves.

Trois jours de suite, je fus surprise de me lever avec le même film devant les yeux et la même boule d'angoisse dans le ventre. Je ne suis pas d'un naturel impressionnable, mais j'avoue que cette expérience m'a "chiffonnée".

Chaque fois le scénario fut le même.

Maman est dans sa cuisine en train de laver des légumes dans l'évier quand soudain elle se retourne. Elle se prend le pied dans une chaise et, pour éviter la chute, tente de se rattraper avec la main gauche au frigo mais elle tombe lourdement sur le genou droit.

Ce rêve était d'une netteté incroyable. Je ressentais presque la douleur de ma mère et, chaque matin, je me levais avec la sensation inexplicable que tout cela était vrai. Je dois ajouter que nous sommes très liées, maman et moi. Je la considère comme mon ange gardien.

Mes parents habitaient à Toulouse et, à cette époque, ils n'avaient pas le téléphone. Je fus dans l'impossibilité d'avoir de ses nouvelles avant de leur rendre visite, huit jours plus tard.

Je ne fus pas surprise de la voir avec une béquille et le genou droit serré dans un épais bandage.

Je n'oublierai jamais le regard de mon mari à qui j'avais raconté mon rêve. Il eut un moment de stupeur en voyant l'état de ma mère. Elle nous raconta sa mésaventure dans la cuisine, la chaise au milieu de la pièce, la main gauche sur le frigo... Tout s'était déroulé exactement comme dans le rêve que j'avais fait quelques jours avant que ma mère ait cet accident.

Elle ne voulut jamais me croire quand je lui ai raconté ce que j'avais vécu.

De mon côté, l'angoisse qui me paralysait s'évapora dès l'instant où j'aperçus ma mère. Je fus rassurée, je n'étais pas folle. »

MÈRE THÉRÉSA

Le second rêve prémonitoire de Gisèle concerne mère Thérésa dont l'engagement en faveur des déshérités suscita, tout au long de sa vie, ferveur et sympathie.

Vingt-cinq ans après sa première expérience, Gisèle fit un second rêve étrange…

« Je n'avais pas de relations particulières avec cette grande dame. Je la connaissais comme tout le monde à travers les reportages qui lui étaient consacrés ou les articles qu'il m'arrivait de lire. Je n'appartenais à aucune association caritative et je n'avais jamais assisté à une de ses conférences.

Et pourtant, un matin je me suis réveillée avec la sensation que j'avais déjà ressentie, trente ans plus tôt, lors du rêve de l'accident de ma mère. La certitude que ce que j'avais "vu" était vrai installait la même boule d'angoisse dans mon ventre.

Je suis dans mon salon, assise dans le canapé, comme tous les soirs, devant le journal télévisé. Le présentateur annonce la disparition de mère Thérésa.

Je me souviens clairement de sa photo en gros plan, du reportage retraçant sa vie et son combat.

Ma première réaction fut d'allumer la radio de la cuisine. Mais rien... Les informations ne faisaient absolument pas mention de la mort de cette grande dame. Plus tard dans la matinée, en allant faire les courses, je me suis arrêtée à la Maison de la presse pour consulter les journaux. Mais ce fut peine perdue.

J'appelai même ma sœur pour lui demander si elle avait entendu parler de la mort de mère Thérésa.

Durant une huitaine de jours j'ai vécu dans une sorte d'attente. Je sais que cela peut paraître morbide mais j'étais persuadée que ce que j'avais vu était vrai...

Finalement, un soir, tout s'est déroulé comme dans mon rêve. Le présentateur a ouvert le journal de 20 heures par cette nouvelle: sœur Thérésa est décédée.

La photo en gros plan était la même que celle que j'avais vue, le début du reportage biographique était également identique... Mon rêve était, une fois encore, devenu la réalité... Depuis je n'ai plus eu d'autres rêves prémonitoires. »

Gisèle a-t-elle eu, de manière inconsciente, des informations sur la mauvaise santé de Mère Thérésa? C'est une possibilité. Elle aurait pu entendre une nouvelle à la radio, d'une oreille distraite, et, sans s'en apercevoir, enregistrer cette information. Son imaginaire ou son esprit de déduction auraient agi pour restituer le tout sous la forme d'un rêve.

Enfin le hasard a voulu que, huit jours plus tard, le funeste événement se produise.

Aucun raisonnement logique ne peut, cependant, élucider le mystère de la vision exacte du début de reportage retraçant la vie de mère Thérésa.

Les drames qui touchent des célébrités suscitent des prémonitions bien au-delà de leur cercle le plus intime.

Je suis sûr que la mort tragique de Lady Diana a provoqué un certain nombre de phénomènes de type rêve prémonitoire. Jusqu'à présent aucun organisme ou chercheur n'en a fait le recensement.

Quoi qu'il en soit voici deux rêves recueillis lors d'une de mes émissions dont le thème central était un personnage célèbre.

NICOLE

ROMY SCHNEIDER

Nicole a fait ce rêve dans la nuit du 28 au 29 mai 1982.

« Dans mon rêve, le temps est gris, le ciel est bas. Je reviens chez moi à pied.

J'arrive dans la cour de ma ferme et j'ai la surprise de voir un attroupement de journalistes devant ma porte, comme si une personnalité allait sortir de ma maison.

Étonnée, je demande au premier d'entre eux de m'expliquer ce qu'il se passe. L'homme se retourne à peine et me dit, en haussant les épaules comme si cela était une évidence : "Romy Schneider est morte !"

À mon réveil le nom de la star remplissait mon esprit. Je ne pouvais penser à autre chose. J'ai allumé la radio.

Une seule nouvelle occupait la quasi totalité du journal. J'entends encore le journaliste: « l'actrice Romy Schneider est décédée cette nuit. Son corps a été retrouvé dans son appartement parisien… »

Ce fut un vrai choc. Non pas à cause de la mort de cette actrice que j'aimais bien mais parce que j'avais en tête ce rêve aussi fort que bizarre. Et là, il devenait réalité! C'est une sensation extrêmement déstabilisante et je vous avoue qu'il ne me tarde pas de la revivre. »

ANDRÉ

JEAN-PAUL II

André, comme Carole, a vécu un rêve étrange. Le sien s'est passé au mois d'avril 1981.

« C'était vers la fin du mois d'avril, il y a presque trente ans. Je m'en souviens très bien.

Avant de vous le raconter, je dois vous préciser que je suis catholique mais non pratiquant. Je ne vais jamais à la messe et, à vrai dire, je ne m'intéresse pas à la religion.

Dans mon rêve je suis au beau milieu d'une foule. Tout le monde autour de moi est excité. Je sens qu'un grand événement est en train de se dérouler ou va se dérouler. Tout d'un coup, je sens un mouvement dans la foule. J'aperçois le pape debout dans sa voiture. Les gens autour de moi crient et agitent les mains vers lui. Soudain, je vois une main se tendre vers lui avec un revolver. Un coup de feu est tiré et le pape Jean-Paul II s'écroule au ralenti.

Je me suis réveillé en sueur.

Les premiers jours, je n'en ai parlé ni à mes amis ni à ma famille. Je sentais que ce rêve n'était pas comme les autres. Cela va vous sembler idiot, mais j'avais l'impression que le fait d'en parler allait provoquer l'événement.

Finalement, je me suis confié à un ami. Il a ri. Ma femme m'a pris un peu plus au sérieux. Durant un mois, je n'ai raté aucun journal du matin. Ce n'est que le 13 mai que j'ai compris que je n'étais pas fou. Le monde entier a vu les images de l'attentat de Jean-Paul II. Cela s'est passé exactement comme dans mon rêve. »

Il est arrivé plusieurs fois, lors de mes émissions sur Sud Radio, que des auditeurs me fassent part de leur culpabilité après avoir vécu une prémonition. Ils m'ont dit leur peur d'être les déclencheurs de l'événement malheureux qu'ils ont rêvé.

Évidemment il n'en est rien. Ils ne sont pas coupables de leur rêve. Ils ont juste trébuché dans le temps et vu une partie du futur.

BERNADETTE

LA VAGUE

Bernadette fait partie de ses rares Français à s'être établi avec son mari en Algérie en 1962. Ce n'était pas la période la plus propice, mais le couple était venu vivre dans ce beau pays dans le cadre de la coopération technique.

Dans les années soixante-dix, son fils était pensionnaire chez les Pères blancs à Blida au sud d'Alger où la famille résidait. Chaque vendredi après midi, Bernadette allait donc chercher son fils pour le week-end.

« Ce rêve m'a sauvé la vie, ou du moins m'a évité de graves ennuis. Je l'ai fait dans la nuit de jeudi à vendredi, la veille d'aller chercher mon fils. C'était il y a presque quarante ans, nous habitions dans la banlieue d'Alger, mon mari dirigeait une centrale

électrique. J'avais une bonne demi-journée de route à faire pour l'aller et le retour.

Dans mon rêve, j'étais dans ma voiture, plus très loin de la ville où se trouvait le pensionnat de mon fils. Il pleuvait beaucoup, mais je ne voulais pas arriver en retard. J'avais hâte de le retrouver et je savais qu'il lui tardait aussi de rentrer à la maison. Je roulais donc, sans trop me préoccuper de ces averses incessantes.

Je revois encore cette route mouillée et une voiture bleue qui me précède. Je ne distingue pas trop le paysage, je suis concentrée sur les feux arrière du véhicule qui est devant moi. Tout d'un coup, je sens ma voiture ralentir très fortement. Je jette un coup d'œil par la vitre latérale, il y a au moins 20 centimètres d'eau sur le bitume, je distingue à peine les bas-côtés de la route. La voiture bleue est toujours devant moi et nous arrivons à la sortie d'un virage. La ligne droite qui suit est inondée, l'eau traverse la route de la droite vers la gauche, le courant semble puissant, je ne vois même plus les fossés ! Devant moi, la voiture bleue s'engage. L'eau lui arrive presque à mi-portière, elle chasse dangereusement vers la gauche mais réussit à franchir la dizaine de mètres traversée par le courant. Encouragée par ce succès, je décide de m'engager à mon tour.

En première, je vise ce que je pense être le bord gauche et j'y vais. Dès les premiers mètres je sens ma voiture qui glisse inexorablement vers la gauche, j'accélère, plus que quelques mètres et c'est bon. À ce moment-là, un bruit sourd m'alerte. Je tourne la tête et j'aperçois une sorte de vague de boue qui se précipite sur moi. Au moment où elle allait heurter ma voiture, je me suis réveillée. Inutile de vous dire que mon cœur battait la chamade. J'étais trempée de sueur.

Au petit-déjeuner, je raconte ce rêve à mon mari qui me rassure en me disant que c'était normal, il pleuvait, j'étais fatigué par une dure semaine de travail. Il m'a même proposé d'y aller à ma place.

Je suis opiniâtre, pour ne pas dire têtue, j'ai donc refusé son offre et lui ai promie d'être prudente.

Le matin même, me voici donc sur la route, sous la pluie pour aller chercher mon fils au pensionnat. J'avoue que je n'en menais pas large, mais la volonté de retrouver mon «grand» était plus forte. J'étais d'autant plus angoissé que ce rêve, je le sentais instinctivement, n'était pas comme les autres rêves. Il était tellement réel!

Au bout d'une heure de route, la pluie redoubla d'intensité. J'étais en rase campagne, lorsque je suis arrivée sur une portion inondée. J'ai senti la voiture ralentir d'un coup comme dans mon rêve.

Toutes les images de la nuit précédente surgirent de ma mémoire. J'ai aussitôt levé le pied en craignant de revoir ce fameux virage et ce fameux bout de ligne droite traversé par une rivière en furie. Eh bien, vous ne me croirez peut-être pas, mais dix minutes après, j'y étais ! Le même virage à gauche, la même pluie, les mêmes sensations, en revanche pas de voiture bleue devant moi. Je roulais en première, le plus doucement possible, quand tout à coup, à la sortie du tournant, j'ai aperçu le bout de ligne droite de mon rêve. Sur le bas-côté gauche, il y avait une voiture couchée sur le flanc. Emportée par le courant, elle était tombée dans le fossé. Elle était bleue…

La mort dans l'âme, j'ai rebroussé chemin et mon fils a passé le week-end au pensionnat en compagnie de beaucoup de ses camarades, car beaucoup de parents, comme moi, n'avaient pas pu passer. »

Le rêve de Bernadette aurait pu être un simple cauchemar dû à son inquiétude face aux risques de rouler sous une pluie battante avec des inondations possibles. Mais, que faire de cette voiture bleue ? Cet élément ne peut pas être considéré comme un simple hasard.

Selon Bernadette, ce rêve lui a, sinon sauvé la vie, au moins évité de graves ennuis.

FRED

MADAME SOLEIL

La vie nous réserve parfois des surprises, les rêves aussi et cela devient encore plus drôle lorsque les deux se rejoignent.

Fred habite dans un village de la région de Pau. Il ne se souvient jamais de ses rêves, sauf d'un qu'il s'est fait un plaisir de me raconter à l'antenne.

« Tous les jours j'emprunte la même route pour me rendre au travail. Depuis dix ans, chaque matin et chaque soir, les mêmes feux rouges, les mêmes paysages, la même vie que la grande majorité de mes concitoyens.

Une nuit, j'ai donc fait le rêve suivant :

J'étais au volant de ma voiture attendant que le feu passe au vert. Tout d'un coup, je vois deux éléphants traverser devant moi sur le passage piéton ! Je me souviens très bien de mon étonnement et de mes yeux écarquillés devant ce spectacle insolite. Les deux pachydermes, sous la houlette d'une jeune femme et d'un homme sont paisiblement passés devant ma voiture comme si de rien n'était.

Imaginez la partie de rigolade, le matin même lorsque j'ai raconté mon rêve à ma petite famille. Je n'ai pas échappé aux réflexions du type : "il faut arrêter la petite gnole avant de se coucher" ou encore "tu as arrêté le traitement trop tôt", bref, je suis parti au travail avec l'image d'un "gentil dérangé, pas dangereux".

Malgré le côté humoristique de ce rêve, j'avais le sentiment que ce rêve n'était pas anodin. Je sentais au fond de moi qu'il avait quelque chose à me dire. J'en étais là de mes réflexions, lorsqu'à un feu rouge, j'ai vu défiler devant moi deux éléphants qui se tenaient par la queue comme dans les films ! ils étaient accompagnés par une jeune femme et un homme, comme dans mon rêve.

Toute cette petite troupe est gentiment passée devant moi. Ma surprise fut telle, qu'aussitôt j'ai garé la voiture pour pouvoir les observer le plus longtemps possible. J'avais envie de me persuader que ce que je voyais n'était pas le fruit de mon imagination mais bien la réalité.

Après enquête, j'ai appris qu'il s'agissait d'un cirque qui était arrivé dans la nuit et qui faisait une halte d'une journée avant de rejoindre leur camp de base ou il allait prendre ses quartiers d'hiver.

Inutile de vous dire que j'ai eu ma revanche le soir même auprès de ma petite famille, qui depuis me surnomme Madame Soleil!»

GERMAINE

14 ¾

Le rêve de Germaine date d'une époque où, au collège, il y avait la traditionnelle remise des prix à la fin de l'année.

« Même s'il m'arrive d'avoir des oublis pour les choses du quotidien, le rêve dont je vais vous parler est aussi clair dans ma mémoire que si je l'avais vécu hier. J'étais en seconde dans un collège de jeune fille. La professeur de français devait nous rendre un contrôle, sous forme de rédaction, que nous avions fait la semaine précédente.

La nuit précédente, j'ai rêvé que je rentrai en classe et passais devant la professeur, debout devant le bureau tenant le paquet de copies à la main. Elle me gratifie d'un large sourire, elle qui est d'habitude revêche.

Une fois assises, Elle procède à la distribution des rédactions en commençant par les plus mauvaises et gratifiant d'un commentaire acerbe les cancres de la classe.

Le paquet diminue à vue d'œil et mon nom n'est toujours pas prononcé. Finalement, je suis seconde avec un beau 14 ¾!

Vous vous doutez bien qu'après un rêve aussi optimiste, je suis allée en classe ce matin-là avec le sourire. J'étais d'autant plus souriante que quelque chose me disait au fond de moi qu'il ne pouvait en être autrement. Je ne peux pas vous expliquer l'origine de cette certitude mais c'est ainsi.

Notre professeur nous attendait effectivement debout devant son bureau, avec le paquet de copies dans la main. Je n'ai pas pu résister à la tentation. Je suis donc allée la voir pour lui raconter mon rêve. Avec un sourire en coin, et un regard que je n'oublierai jamais, elle m'a dit: "vous avez 14 ¾ et vous êtes, en effet, seconde de la classe".

Je vous avoue que ce rêve m'a donné le frisson. Avec le temps, j'aurais bien aimé revivre ce même type d'expérience mais concernant des choses plus importantes qu'une note de rédaction de français. »

La question de Germaine est pertinente. Pourquoi recevoir un message du futur concernant un sujet aussi, apparemment, futile qu'une note de français ? Peut-être était-elle très importante pour elle à ce moment précis de sa vie. Peut-être a-t-elle réunie, inconsciemment, toutes les conditions nécessaires pour provoquer une prémonition ? Quelles sont ses conditions ? Actuellement nul ne le sait. Des pistes existent, des scientifiques y travaillent, Pierre Macias nous en retrace les grandes lignes dans la partie suivante.

LA RECHERCHE SCIENTIFIQUE

Pierre Macias

Le phénomène de prémonition entre dans le cadre de ce que la parapsychologie nomme l'ESP (Extra Sensory Perception), ou Perception Extra Sensorielle. Cet ensemble de phénomènes regroupe :

- la télépathie : transmission d'informations d'esprit à esprit,
- la rétrocognition : acquisition d'informations sur une situation passée,
- la clairvoyance : acquisition d'informations sur une situation actuelle. On la retrouve actuellement sous le terme de Remote Viewing,
- la précognition ou prémonition : acquisition d'informations sur une situation future.

En plus de l'ESP, la parapsychologie s'intéresse aux interactions de l'esprit avec la matière (inerte ou biologique), sous le terme de « effet PK » (ou psychokinèse). Un dernier type d'événements a été intégré par la discipline, sous la forme des phénomènes relatifs à la notion de survivance. On trouvera dans cette catégorie des phénomènes tels que ceux produits au cours de séances spirites, de transcommunication, de communication avec les défunts. Ils incluent également les expériences de sorties hors du corps par exemple.

Ces phénomènes sont globalement nommés « phénomènes psi » (ou simplement « le psi ») et constituent les phénomènes étudiés par la parapsychologie, discipline scientifique, admise au sein de l'AAAS[1], en 1969, au travers de la *Parapsychological Association*[2]. Pour finir avec ce survol rapide de la situation de la prémonition dans le domaine de la parapsychologie, on pourra retenir que les personnes étudiant ces phénomènes de manière scientifique peuvent être nommés « parapsychologues ». Mais les parapsychologues ne sont pas des praticiens des arts divinatoires entre autres (voyants, magnétiseurs, etc.), même s'ils se positionnent de temps à autre comme sujets (d'expériences) dans leurs

---

1. *American Association for the Advancement of Science* voir : http://www.aaas.org/
2. voir : http://www.parapsych.org/

expérimentations ou celles de collègues. Il n'existe pas de statut officiel de parapsychologue, mais la parapsychologie se définissant comme une discipline scientifique – ce qui a été admis par l'AAAS aux États-Unis –, le terme de parapsychologue se rattache directement à la parapsychologie. On pourra donc retenir que l'usage de ce terme de « parapsychologue » par des praticiens du paranormal relève le plus souvent d'une tentative de se crédibiliser en cherchant à s'attribuer une aura de scientificité pourtant totalement absente de leur pratique. Cet état de fait constitue une tromperie. Un parapsychologue travaillera selon les modalités de la science, tandis qu'un praticien honnête travaillera dans un contexte de relations humaines et n'a donc aucunement besoin de se prétendre « parapsychologue ».

Mais revenons à la prémonition elle-même. Comment se présente-t-elle ?

De fait, elle peut revêtir les formes les plus variées. Du simple sentiment d'angoisse à l'état de veille, le pressentiment, au rêve le plus précis. Mais il semble que l'apparition du phénomène réponde à une situation émotionnelle forte pour la personne qui vit la situation.

J'aimerai donner pour exemple une histoire rapportée par Louisa Rhine[1], souvent reprise, parfois de manière déformée par le bouche à oreille. C'est probablement le premier témoignage qu'on m'a cité, avant mon intérêt pour la parapsychologie.

« Dans l'État de Washington, une jeune femme fut une nuit si effrayée par un rêve qu'elle réveilla son mari et le lui raconta. Elle avait vu la grande suspension ornementale de la pièce voisine se détacher soudain du plafond et écraser le berceau du bébé, qui en mourait. Dans son rêve, elle s'était vue avec son mari contemplant ce désastre. Sur la commode du bébé, l'horloge marquait 4 heures 35. Elle entendait au loin la pluie ruisseler sur la vitre de la chambre.

Son mari ne fit que rire. Il déclara que ce rêve était absurde, qu'elle n'avait qu'à l'oublier et se rendormir. C'est ce qu'il fit lui-même après quelques instants. Mais elle resta éveillée.

Finalement, toujours effrayée, elle se leva et alla chercher l'enfant, une petite fille, qu'elle ramena

1. Rhine Louisa, *Hidden Channels of the Mind*, New York, William Morrow and Company, 1961 (traduit par Raymond Albeck, *Les Voies secrètes de l'esprit*, Paris, Librairie Fayard, 1970).

près d'elle. Elle s'arrêta en chemin à la fenêtre : la lune était pleine, le temps calme, exactement le contraire de son rêve.

Deux heures plus tard, un fracas épouvantable les tira de leur sommeil. Elle bondit aussitôt, suivie de son mari, et courut jusqu'à la chambre de l'enfant. La suspension s'était écoulée sur le berceau où le bébé dormait d'habitude. Tous deux se regardèrent, puis leurs yeux se fixèrent sur l'horloge : 4 heures 35. Ils prêtèrent l'oreille, encore un peu sceptiques : la pluie crépitait sur les vitres et le vent soufflait dehors. »

L'HISTORIQUE DE L'ÉTUDE DU PHÉNOMÈNE

On trouve des récits de prémonitions chez les auteurs les plus anciens, mais l'étude du phénomène a suivi une évolution progressive au cours du temps. En commençant par des témoignages épars, on arrive au fil du temps à des recensions de témoignages donnant lieu à des discours et des polémiques tournant principalement autour de la notion de déterminisme[1].

1. Le déterminisme est le principe selon lequel tout effet à une cause. Ainsi, si on connaît l'état d'un système, on peut

Parmi les premières compilations de cas, on peut citer le travail réalisé par Camille Flammarion avec sa trilogie *La Mort et son mystère*[1]. Dans le tome 1, Camille Flammarion aborde les témoignages de prémonitions en citant le cas de la princesse Emma Carolath comme étant le premier cas qui éveilla son attention à propos du phénomène, en 1870.

Louisa Rhine[2], épouse de J.-B. Rhine, consacra une énergie considérable à construire une bibliothèque de témoignages sur les phénomènes d'ESP (Perception Extra-Sensorielle), dont la prémonition. Elle pu déjà en extraire des caractéristiques du phénomène spontané.

Parallèlement à ce travail de collation, à partir des années 30, J.-B. Rhine, jeune professeur

---

en prévoir chaque étape de son évolution. Par exemple, si on lance un objet devant soi, la connaissance du lancé et des conditions environnantes (les causes) à chaque instant, permet de prévoir la trajectoire de l'objet (l'effet) et l'évolution de cette trajectoire.

1. Flammarion Camille, *La Mort et son mystère*, tome 1 : *Avant la mort* ; tome 2 : *autour de la mort* ; tome 3 : *après la mort*, Paris, Éd. Ernest Flammarion, 1920.

2. Rhine Louisa, *Les Mystères de l'esprit*, Paris, Éd. Rombaldi, 1979 (pour la traduction française)

de botanique, s'attaque à l'étude quantitative des phénomènes de la parapsychologie en utilisant les statistiques. Il sera le premier à en faire cet usage systématique. Parallèlement à d'autres organismes, principalement des sociétés privées ou des associations sans but lucratif, la recherche scientifique prend son véritable essor.

CARACTÉRISTIQUES GÉNÉRALES DU PHÉNOMÈNE

Avant d'aller plus loin, on peut indiquer ici une confusion fréquente. Il s'agit de la confusion entre l'impression de déjà-vu et le phénomène prémonitoire. Il est couramment admis que ce sont deux phénomènes distincts. Le déjà-vu, que nous avons tous ressenti un jour ou l'autre, est cet instant où l'on se dit « j'ai déjà vécu ça ! ». Le sentiment est fugace, ne durant la plupart du temps que quelques secondes. L'impression est vécue au fil de l'événement, et il n'est pas possible de situer dans le temps l'instant où se serait produit « le premier vécu ». De la même manière, il n'est pas possible d'anticiper les événements. A contrario, à l'instant où on vit le moment de la concrétisation d'une prémonition, on se trouve en mesure de situer dans le passé le moment de la prémonition. Parfois il est possible que la personne sache, par avance, ce qui va se produire tout au long de l'événement. Par exemple, nombre de témoins disent avoir fait un rêve, dont ils se sont rappelés à leur réveil. Ensuite, les nécessités de la vie courante leur font oublier le rêve et la journée suit son cours. Et puis d'un coup, ils se trouvent dans la situation de leur rêve, et celui-ci refait surface immédiatement. Les témoins savent à cet instant précis qu'ils ont vu la scène dans le rêve de la nuit précédente ou d'une autre plus éloignée. Ils savent situer leur première vision de la situation, précisément dans le passé, et savent alors ce qui va se produire. L'impression de déjà-vu a sans doute plusieurs explications possibles, chacune concernant une partie du phénomène. L'une d'entre elles se trouve dans le fonctionnement du cerveau. On peut parler non pas de mémoire (au singulier), mais de mémoires (au pluriel), soumises parfois à des défauts de fonctionnement. Une hypothèse voudrait qu'il existe une mémoire des détails d'un événement, et une autre mémoire pour les généralités du même événement. Par ailleurs, l'acquisition d'un événement par le cerveau doit parvenir à la conscience d'une part, mais doit aussi être mémorisé d'autre part. Des dysfonctionnements de ces mémoires pourraient amener à mémoriser un événement un infime instant avant qu'il parvienne à la conscience. Ainsi lors d'une situation nouvelle, nous en aurions conscience alors que nous en avons déjà un souvenir. Ce dysfonctionnement se produisant sur des temps extrêmement courts, nous vivrions ces « déjà vu » au fil du présent. Nous pouvons donc ramener ce « déjà vu » à une pathologie, de fait sans gravité et éphémère. Par contre, dans d'autres pathologies affirmées, comme l'épilepsie, ce dysfonctionnement peut également apparaître.

Cette distinction étant faite, plusieurs chercheurs rapportent sensiblement les mêmes pourcentages d'apparition des prémonitions. Le rêve prémonitoire est prédominant avec de l'ordre de 75 % des cas. Viendraient ensuite les prémonitions intuitives (à l'état de veille) avec 20 % des cas environ et enfin des prémonitions accompagnées d'hallucinations[1] pour 5 % des cas environ.

On peut se demander pourquoi le rêve est si prédominant dans le phénomène de prémonition. Plusieurs hypothèses peuvent être émises, comme par exemple le fait que lors du rêve, les barrières

1. Dans ce cas, l'hallucination est une vision obtenue sans l'utilisation des sens (la vue par exemple), mais qui n'est provoquée par aucune maladie psychique.

psychologiques sont réduites au voisinage du minimum. On peut aisément concevoir que vivre, pleinement conscient, un événement futur a de quoi bouleverser les repères communs de nos habitudes. Certains rêves prémonitoires semblent conforter cette interprétation puisque dans quelque 20 % des cas, ils prennent des formes symboliques qu'il est nécessaire de décoder pour mettre en valeur leurs caractéristiques de prémonitions. On peut penser que pour ces rêveurs, le simple rêve n'amoindrit pas encore suffisamment ces barrières psychologiques. Il leur est alors nécessaire d'user de symbolisme pour exprimer la prémonition.

Une autre caractéristique de ces rêves se trouve être qu'ils sont vécus au présent, et non comme un événement à venir. Là encore, l'impact de la prémonition sur les notions de temps du rêveur est amoindri.

Une autre caractéristique de ces rêves prémonitoires semble être leur précision en fonction du temps. Quelques études tendent à montrer que de l'ordre de 50 % de ces rêves se réalisent dans un délai de 2 jours. Seulement 20 % se réalisent dans un délai supérieur à 2 mois. Serait-il de plus en plus difficile de « voir » un événement lorsqu'il se situe de plus en plus loin dans le temps ? Ou serait-ce simplement que le rêveur oubliera l'événement après une longue période de temps, et ne sera pas en mesure d'établir un lien ? Il semble que la première hypothèse est plus pertinente. En effet, un sujet tel Sondow (1988)[1] a systématiquement noté ses rêves au réveil, ce qui permet d'éliminer l'oubli possible. La fréquence des prémonitions en fonction du délai de réalisation a été testée par Hutchinson[2] avec pour résultats que les réussites étaient moins importantes sur des cibles distantes de 10 jours que sur des cibles distantes d'une journée seulement.

Enfin, comme nous le disions précédemment, le vécu psi tend à supporter une charge émotive particulièrement forte pour la personne qui le vit. Beaucoup de rêveurs sont fortement impressionnés, au réveil, par le souvenir de leur rêve. C'est l'une des raisons qui peut les amener à envisager, dès cet instant, le caractère prémonitoire de ce rêve.

---

1. Sondow N., "The decline of precognized events with the passage of time: Evidence from spontaneous dreams". *Journal of the American Society for Psychical Research*, New York, 1988, 82, 33-51.
2. Hutchinson, L. "Variations of time intervals in pre-shuffle card-calling tests". *Journal of Parapsychology*, New York, 1940, 4, 249-270.

Quatre grands types de prémonitions sont envisagés par Stowell[1] :

1. prémonitions relatives à des situations non stressantes,
2. prémonitions relatives à des événements sur lesquels le sujet n'a aucun pouvoir d'action,
3. prémonitions permettant au sujet de réaliser des choix,
4. prémonitions relatives à des événements sur lesquels le sujet peut intervenir.

PEUT-ON RECONNAÎTRE UN RÊVE PRÉMONITOIRE

En 1923, Charles Richet[2] définissait trois critères pour établir une prémonition. Le premier critère sera que l'événement annoncé est totalement indépendant de la personne qui a eu la prémonition.

1. Stowell, M.S., "Precognitive dreams : A phenomenological study", *Journal of the American Society for Psychical Research*, New York, 91,163-220 & 255-304.
2. Physiologiste français, prix Nobel en 1913 pour la découverte de l'anaphylaxie. Second président de l'Institut Métapsychique International.

Par exemple, la prédiction par une personne pour elle-même, d'un problème de santé futur, telle qu'une syncope, ne pourra pas être retenu. Ce type de cas peut entrer dans les cas d'auto-suggestions : il est possible que la personne génère elle-même la syncope, à l'endroit et au moment prédit, pour confirmer sa prédiction. Deuxième critère retenu : il faut que l'événement annoncé ne puisse être le résultat d'un hasard ou d'un raisonnement. Il est en effet possible de prédire une élection pour laquelle le nombre de votants sera relativement réduit, en connaissant les réactions types des participants. Il n'est d'ailleurs pas nécessaire de connaître parfaitement l'ensemble des participants, mais juste suffisamment pour établir une forte probabilité de résultat, la chance pouvant aider à la réalisation finale. Enfin, C. Richet propose un troisième critère qui consiste à vérifier les conditions de recueil du témoignage. En effet, il est important de se prémunir du phénomène de déjà-vu – et de fonctionnement de la mémoire de manière plus générale – qui conduit à considérer en toute bonne foi qu'un événement n'est pas nouveau. Un trouble de mémoire peut mener une personne à croire à une véritable prémonition alors qu'il ne s'agira que d'une reconstruction de l'esprit. Il est donc important de faire part de son rêve, ou de son sentiment, à des tiers, et de les noter avec force détails.

Par ces règles, C. Richet exclut donc l'auto-prémonition qui consiste à prédire un événement de son propre futur. Ce sera sans doute extrémiste, mais supprimera toute possibilité de déduction logique. Il sera donc possible, en ouvrant le champs des possibles, de considérer ce type de prémonition, mais en prenant le plus grand soin dans l'analyse et l'établissement de l'impossibilité du témoin de connaître par avance l'événement possible.

Russell Targ[1], physicien, initiateur des expérimentations en *Remote Viewing* (vision à distance), propose quelques critères de reconnaissance des rêves prémonitoires. Ces critères ne sont pas tous indispensables mais ils permettent une bonne suspicion d'occurrence d'une prémonition.

Le premier sera que le rêve n'incorpore pas une problématique actuelle de la vie courante. Si l'on a des problèmes de mécanique sur son automobile, la crainte, consciente ou inconsciente, d'un accident de voiture peut survenir. Rêver alors d'un accident

1. Russell Targ et Harold Puthoff, *Aux confins de l'esprit*, Paris, Éd. Albin Michel, 1978.

de voiture, qui se produit réellement le lendemain, ne pourrait pas constituer une prémonition.

Un second critère sera que le rêve incorpore des éléments d'étrangetés. Ce peut être des éléments qu'on ne rencontre pas couramment dans sa vie active. Peut-être pourrions-nous prendre pour exemple que si l'on rêve d'un trajet en centre-ville en vélo durant lequel on heurte un sanglier, il s'agit d'une situation pour le moins étrange. Elle sera d'autant plus étrange si elle se produit effectivement le lendemain.

Un autre critère, qui apparaît souvent lorsqu'on envisage l'hypothèse de la prémonition, se trouve être la notion de clarté du rêve. Cela n'empêche pas, bien sûr, qu'un rêve symbolique puisse être prémonitoire, mais dans ce cas le problème se situe au niveau du décodage du rêve, et de la pertinence de ce décodage.

Ces critères d'appréciation ne sont tout de même pas limitatifs. Mais s'ils sont rencontrés, il est alors possible de tendre son attention vers le rêve en question. Un témoignage nommé le « tramway n° 5 »[1], montre le cas d'un chauffeur de tramways qui se réveille en sueur, choqué par le

---

1. Varvoglis Mario et Robin Marie-Monique, *Le Sixième Sens*, Éd. du Chêne, 2002.

rêve d'un accident au cours de son trajet habituel. Le lendemain, alors qu'il a déjà effectué deux fois son parcours, il se retrouve dans l'exacte situation de son rêve. Pris de panique, il stoppe son tramway et coupe le contact. Alors apparaît le camion, que la circonstance avait rendu non visible, et qu'il aurait percuté, comme dans son rêve, s'il n'avait pas décidé de s'arrêter. Tous les critères précédemment indiqués ne sont pas présents, néanmoins celui de la clarté du rêve, générant une émotion forte, était particulièrement important.

LA FRAUDE

Lorsqu'on pense aux phénomènes étudiés par la parapsychologie, bien souvent l'idée de fraude vient à l'esprit. La précognition ne déroge pas à la règle. Mais il est rare que celle-ci intervienne dans les expériences de laboratoire, et ceci pour des raisons simples.

Le Pr Robert Tocquet était un parapsychologue très connu et respecté, homme multifacettes s'il en est, il fut même prestidigitateur[1] sous le pseudo-

1. Professeur Don Roberto, *Comment étonner vos amis*, Paris, Éd. Christian Godefroy, 1985.

nyme de Professeur Don Roberto. Son expérience des domaines du paranormal et de la prestidigitation lui permit aussi de publier sur les techniques de fraudes de fakirs, voyants et autres médiums[1].

Il nous livre dans l'un de ses ouvrages[2], une mystification télévisuelle qui se déroula en 1961. Un médium prétendit pouvoir deviner le résultat d'un référendum à venir. Pour démontrer ses talents, à la veille du référendum, il enferma dans un tube de verre, un papier sur lequel était écrit le résultat. Ce tube de verre fut placé devant huissier et d'autres témoins dans un coffre fermé à clef. L'huissier put alors mettre en place des scellés, et conserver le coffre. Le médium, quant à lui, conservait la clef. Au lendemain du référendum, l'huissier ouvrait le coffre pour en retirer le tube et le papier, qui portait alors le résultat exact du référendum.

Comme tout ceci fut radiodiffusé et télévisé, la chaîne de radio-télévision reçut quantité de courrier d'admirateurs demandant les coordonnées du

---

1. Tocquet Robert, *Tout l'occultisme dévoilé,* Paris, Éd. Amiot * Dumont, 1952.
2. Tocquet Robert, *Les Pouvoirs secrets de l'homme*, Paris, Éd. J'ai Lu, 1972.

médium, à des fins de consultations. Devant un tel débordement, la radio-télévision demanda au Pr Tocquet d'expliquer la scène. Il lui fut alors aisé d'indiquer que, en réalité, la (grosse) clef utilisée pour fermer et ouvrir le coffre était truquée. Lorsque le médium, prestidigitateur, fit mine d'introduire le tube de verre dans le coffre, il le conserva. La manipulation lui était aisée, et l'huissier inexpérimenté. Lorsque le résultat du référendum fut connu, le médium put alors inscrire ce résultat sur un papier qu'il plaça dans un tube de verre, qu'il introduisit lui-même dans la clef, dans le sens de son axe. Lorsque l'huissier introduisit la clef dans le coffre pour l'ouvrir, c'est lui qui mettait la dernière main à la manipulation en introduisant le tube dans le coffre.

D'autres, parapsychologues ou non, eurent l'occasion de dénoncer des tromperies de cet acabit, comme par exemple lorsqu'on demande à des auditeurs, au cours d'une émission radio, d'envoyer par courrier une prédiction de résultat. Les délais étant suffisamment longs, il peut être aisé à un familier, ou même à un visiteur, de déposer à la radio un courrier daté de quelques jours avant, contenant le résultat entendu sur l'antenne le jour même. La personne se sera envoyé l'enveloppe à elle-même durant les jours précédents, et y aura glissé la bonne réponse après l'annonce à l'antenne. Si l'expérimentateur est peu rigoureux, il trouve ce courrier après avoir annoncé le résultat à l'antenne, mais comme il fait partie du courrier du jour, il le considère comme valide.

Comme on le voit, il peut être facile de tricher au cours d'une expérience. Mais s'agit-il réellement d'expériences ?

De fait, on s'aperçoit que, la plupart du temps, on cite ce genre de jeux de société pour dénigrer de réelles expériences scientifiques. La fraude, dans un contexte expérimental réel n'est pas aussi aisée qu'on peut le croire. Les chercheurs reconnus ne montent pas leurs protocoles au détour d'un couloir, entre le café et la cigarette. Ces expériences sont conçues la plupart du temps entre personnes de compétences variées, et sont discutées avant et après leur mise au point et réalisation.

Dans le cadre d'expériences un tant soit peu rigoureuses, les deux fraudes précédentes n'auraient jamais été possibles. Dans le deuxième exemple, la précaution élémentaire de conserver uniquement les courriers arrivés en possession de l'expérimentateur avant l'annonce des résultats aurait suffit à exclure le courrier du jour responsable de la possibilité de fraude. Toute réponse arrivée après l'annonce, et quelle que soit la raison de ce retard, devait être éliminée des résultats. Dans le premier cas, une multitude de raisons aurait dû faire rejeter la prestation. On peut indiquer par exemple le fait que c'est le sujet qui établit le protocole, c'est encore le sujet qui impose son matériel, c'est le sujet qui réalise la quasi totalité des manipulations, pour les premières qui peuvent venir à l'esprit. De telles conditions ne se trouveraient pas en situation expérimentale scientifique.

Nous sommes ici typiquement dans la différence entre la démarche du prestidigitateur qui impose sa pratique au public, et la pratique du scientifique qui impose sa pratique au sujet. Il faut tout de même préciser que le scientifique ne figera les impératifs et les contraintes de sa pratique qu'après aménagement de celle-ci dans le respect et le bien-être du sujet. Mais il se montrera garant, en bout de course, de la rigueur scientifique de sa démarche.

L'ERREUR D'INTERPRÉTATION

En février 2005, la prémonition de catastrophe imminente chez les animaux a largement été évoquée après le tsunami de Noël 2004 en Asie du

Sud-Est. Mais bien qu'un chercheur tel que Rupert Sheldrake[1] signale que certains chiens anticipaient l'arrivée des V2 durant la Seconde Guerre Mondiale, tous les comportements animaliers bizarres ne sont pas nécessairement relatifs au psi. De tels comportements ont été cités lors du tsunami, mais il convient dans de tels cas de ne pas se précipiter. Les conditions de vie des animaux pouvaient expliquer que certains soient épargnés. La pression médiatique de l'époque a donné lieu à plusieurs annonces témoignant d'effets bizarres chez les animaux[2], annonces démenties ou contredites quelque temps plus tard lorsque les esprits s'apaisaient un peu. Paradoxalement alors qu'il avait été fait le plus grand écho de comportements précognitifs chez les animaux, les éléments allant dans le sens d'explications rationnelles et justifiées du juste comportement de ces animaux furent accueillis par une indifférence généralisée. Certes, la notion de précognition de catastrophe par cer-

1. R. Sheldrake, *Le Septième sens*, Paris, Éditions du Rocher, 2004.

2. voir http://www.metapsychique.org/Pressentir-le-tsunami.html

tains animaux peut être envisagée, mais il conviendra de se garder des généralisations hâtives.

LE HASARD

Prenons un exemple relatif à une situation de la vie courante. Bien qu'il existe des témoignages prémonitoires heureux, les situations sont trop souvent sombres, alors prenons le cas du rêve d'un décès. Quelqu'un se réveille brutalement après avoir rêvé du décès d'un proche. Dans la journée suivante, la personne apprend le décès effectif de ce proche. Serait-il possible de dire s'il s'agit d'un rêve prémonitoire ?

Si l'on devait se limiter à l'énoncé « rêve du décès de untel », malheureusement nous n'aurions pas suffisamment d'éléments. Nous ignorons si le rêveur fait fréquemment de tels rêves, comme un soignant (médecin, infirmier, secouriste, etc.) pourrait faire ce genre de rêves régulièrement durant une période de stress personnel. Cela voudrait dire que les rêves de décès sont fréquents pour cette personne, et le fait, un jour, de tomber juste ne serait qu'un hasard. Il serait aussi possible qu'un nombre de personnes important ait eu une information alarmiste, mémorisée volontairement ou non, sur l'état de santé d'une personnalité. L'une de ces personnes, pour des raisons propres à elle seule, pourrait rêver du décès de cette personnalité quelque temps avant l'issue fatale. Il serait alors possible de considérer le hasard.

Mais nous sommes ici dans ce qu'on pourrait appeler une pseudo-analyse. Aucun chercheur, un tant soit peu sérieux, ne se limiterait à une telle annonce: «rêve du décès de untel». Dans un tel cas, le chercheur documentera le cas en interrogeant le témoin, mais aussi les personnes auxquelles ce témoin aurait raconté son cas. Il pourra alors établir la scène du rêve et déterminer l'existence ou l'absence d'autres corrélations. Ainsi, si le rêveur témoigne d'avoir eu la vision d'un accident routier impliquant même une personnalité, qu'il indique les couleurs des véhicules impliqués, les circonstances de l'accident, la violation de tel ou tel article du code de la route, d'autres personnes impliquées et avec suffisamment de détails pour qu'elles soient identifiables, etc., le témoignage se trouve propulsé dans un tout autre contexte que la simple annonce «rêve d'un décès». Le chercheur aura alors fait émerger le cas du simple hasard, et ne se sera pas contenté d'un ersatz d'analyse aussi peu sérieux qu'inutile, sur un point spécifique non documenté.

ÉTUDES EXPÉRIMENTALES ACTUELLES

Face aux témoignages, comment peut-on envisager d'appréhender expérimentalement le phénomène ?

On peut distinguer trois types d'approches. Les expériences à choix forcés, celles à choix libres, enfin une troisième catégorie regroupant ce qu'on ne peut pas ranger dans les deux premières. Pour chacun de ces groupes on pourra utiliser une méthode élitiste ou une méthode universaliste[1].

On parlera de méthode élitiste lorsqu'on aura repéré un individu semblant plus doué que la plupart des gens pour générer le phénomène. On réalisera alors des expériences centrées sur cet unique individu. Au contraire, la méthode universaliste cherchera à orienter l'expérimentation vers un groupe de personnes aussi large que possible. L'objectif sera de faire émerger un phénomène global.

---

1. Varvoglis M., *La Rationalité de l'irrationnel*, Éd. InterEditions, Paris, 1992.

LA MÉTHODE À CHOIX FORCÉ

Description

La parapsychologie a, dès ses débuts, réalisé des expérimentations dites « à choix forcés ». Le principe de ces tests consiste à utiliser un matériel du type de cartes Zener, de dés, etc. permettant d'obtenir une succession de tirages aléatoires. On demande alors au sujet d'annoncer l'élément qui sera tiré au hasard. En comparant le nombre de bonnes réponses au nombre de réponses espérées sous l'hypothèse du hasard, l'expérimentateur exprime la probabilité que ce nombre de bonnes réponses soit conforme au hasard. Lorsque le résultat ne sera pas conforme au hasard, à un seuil prédéfini, on pourra dire que le calcul est significatif. Cela voudra dire qu'un élément est venu perturber le comportement aléatoire qu'on aura utilisé. Toute autre condition maîtrisée, on pourra dire que le phénomène de prémonition a été de la partie.

Dans l'année universitaire 1930-1931[1], le Pr J.-B. Rhine et l'un de ses collaborateurs, le

1. Rhine J.-B., *Extra-Sensory Perception*, Boston, Bruce Humphries, inc., 1935

Dr Zener, mirent au point un jeu de cartes spécifique. Le Dr Zener réalisa un jeu de 25 cartes composé de 5 fois 5 symboles : un carré, un cercle, un plus, des lignes ondulées, une étoile. Ce jeu fut appelé « cartes Zener ».

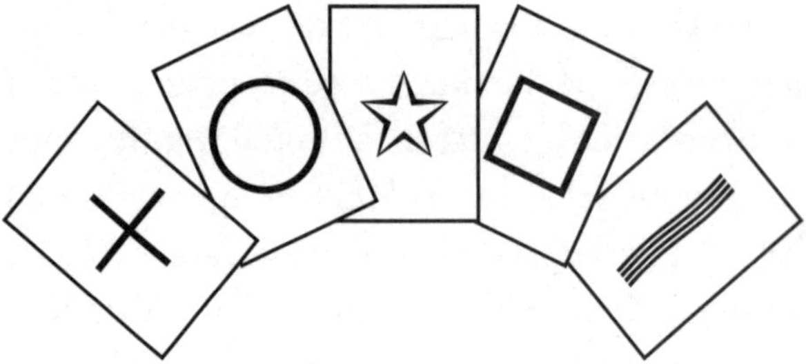

Fig. 1 : les symboles du jeu de cartes Zener

Il offrait – et offre toujours – des symboles simples, susceptibles de ne pas interférer avec la psychologie du sujet, ce qui pouvait être préjudiciable pour ses résultats. Il est également constitué d'un nombre limité de symboles par rapport aux jeux de cartes classiques, permettant d'obtenir relativement facilement un nombre suffisant de tirages exploitables par les techniques du calcul de probabilité.

Ce jeu de cartes a été utilisé par tous les laboratoires de parapsychologie de la planète à un moment de leur existence. Il fut éventuellement critiqué du point de vue de la psychologie du sujet, ce qui donna lieu à la création de nouvelles versions avec, par exemple, moins de symboles, mais l'introduction de couleurs. Mais il reste le jeu de cartes le plus utilisé en parapsychologie dès lors que des cartes sont utilisées. Le « choix forcé » réside ici dans le fait que les symboles utilisés sont connus par tous, sont en nombre limité et ne laissent aucune prise à l'interprétation.

Des dés à jouer ont également été utilisé. Leur utilisation, par principe, est également très simple puisqu'en utilisant 2 dés, le sujet doit annoncer le résultat obtenu par le prochain lancé. L'expérimentateur lance alors les dés, et compare le résultat à la prédiction du sujet.

Mais même si ces méthodes sont facilement exploitables par la statistique, elles ont, comme toute médaille, leurs revers.

Le jeu de cartes fut utilisé très tôt par l'équipe de J.-B. Rhine. Il était battu par l'expérimentateur. Dans un test de clairvoyance, le sujet annonce la carte présente sur le haut du paquet, symbole non visible, et l'expérimentateur pose la carte, sans qu'elle soit vue par le sujet, face à un symbole témoin. Après que le sujet ait énoncé les 25 cartes, l'expérimentateur vérifie l'ensemble des cartes présentes pour chaque symbole témoin, et comptabilise le nombre de bonnes réponses. Il peut alors, après avoir passé plusieurs jeux, établir un calcul statistique qui lui permettra d'annoncer une probabilité relative au taux de réussite. Lorsque cette probabilité s'éloigne de manière sensible de ce que le hasard prévoyait, on parle alors de résultat statistiquement significatif. On pourra alors introduire l'idée qu'une anomalie est apparue. Les conditions de réalisation de l'expérience ayant eu pour objectif de ne laisser que la possibilité d'apparition de la claivoyance comme source d'anomalie, on pourra supposer que le phénomène psi dit de « clairvoyance » est apparu. Dans un test de précognition, le sujet va énoncer la succession de cartes qui sera obtenue après le battage du jeu. Ce n'est qu'après ce mélange, faisant suite aux réponses du sujet, que l'on pourra considérer se trouver dans un test de précognition.

Après quelque temps, J.-B. Rhine préféra utiliser un appareillage pour battre le jeu. L'objectif de ce brassage automatique était de supprimer toute action humaine pouvant introduire un biais dans l'expérience[1], par la manipulation de l'expérimentateur. Cette action involontaire de l'expérimentateur peut être la mise en place d'un ordre des cartes correspondant aux annonces préalables du

---

1. Thouless Robert H., *Experimental Psychical Research*, Baltimore, Penguin Books Ltd, 1963.

sujet. Même dans le cas où l'expérimentateur n'est pas informé des annonces du sujet, il est toujours possible d'envisager qu'il en a eu (une certaine) connaissance par une faculté de rétrocognition (acquisition d'informations sur une situation passée). Bien sûr, on serait toujours dans le cadre d'un phénomène psi, mais celui-ci ne serait pas l'effet testé, c'est-à-dire la précognition par le sujet. Cette possibilité d'erreur fut mise en évidence par deux chercheurs du laboratoire de J.-B. Rhine, qui l'appelèrent le « brassage psi ». Deux paquets de cartes Zener brassés auront en moyenne cinq cartes identiques. Mais en mélangeant l'un de ces paquets jusqu'au moment où ils sentaient qu'il fallait s'arrêter, ces chercheurs obtenaient un résultat incompatible avec ce que le hasard laissait prévoir[1].

Cette précaution méthodologique amène malheureusement un autre biais. Dans le cas d'un test montrant une anomalie statistique, s'agit-il de prémonition ou de psychokinèse? En effet, dès lors qu'un mécanisme est utilisé, il est encore possible d'envisager que le sujet ne devine pas les cartes dans l'ordre dans lequel elles vont apparaître, mais après avoir donné ses réponses, il influence

1. Rhine Louisa, *Initiation à la parapsychologie*, Paris, Éd. Presses de la Renaissance, 1977.

le mécanisme pour obtenir l'ordre annoncé. Nous serions, là encore, dans le cadre d'un effet psi, la PK, mais pas dans le cadre d'une précognition.

Pour tenter de résoudre ces problèmes, il a été utilisé, entre autres, une nouvelle stratégie consistant à couper le jeu en un point aléatoire du paquet. Ça peut être fait par un jeu de trois dés et une table de nombres. Le premier dé permet de définir la page de la table, le deuxième dé permet de définir la ligne de la table sur cette page, enfin le troisième dé indique la colonne. Les trois dés sont lancés simultanément. Imaginons que pour un lancé, nous obtenions le nombre 37 dans la quatrième colonne de la deuxième ligne de la troisième page. Ce nombre 37, ramené à un paquet de 25 cartes, nous donnerait une coupe immédiatement sous la 12ᵉ carte (37 – 25). Ainsi, pour réaliser cette expérience, nous aurions mélangé mécaniquement un jeu, puis nous l'aurions coupé sous la 12ᵉ carte.

Mais on peut remarquer qu'ici encore, il est possible d'imaginer une action PK de la part de l'un des participants à l'expérience, sujet ou expérimentateur, pour amener le jeu de dés dans la configuration nécessaire pour que le résultat donne l'ordre des cartes annoncé.

Nous nous trouvons alors devant un choix d'interprétation. Dans le cas d'un résultat statistiquement significatif, le sujet a-t-il prédit une chronologie de cartes par un effet précognitif, ou a-t-il influencé la mécanique du batteur automatique, puis le lancé de 3 dés pour leur imposer le résultat escompté (par clairvoyance), sur l'endroit de la coupe du jeu de cartes ? Ce problème de choix semble devoir toujours apparaître dans l'interprétation de résultats significatifs. Les chercheurs font alors appel à la solution la plus économique. Celle-ci consiste à avancer qu'il est plus économique de penser que dans ce cas la précognition (cause unique) était à l'œuvre, plutôt que la PK qui consisterait à accepter que le batteur a été influencé, puis que les trajectoires des dés ont été influencés (causes multiples). Ainsi, c'est la complexité de l'interprétation et les ressources nécessaires à la fournir qui feront la différence.

Dans l'exemple cité, il est possible d'aller encore plus loin dans cette notion d'économie. Si par exemple, l'ordre des nombres dans les tables n'est plus l'ordre simplement croissant ou décroissant, mais lui-même un ordre aléatoire. Pour favoriser l'explication PK, il faudrait introduire l'idée que la mise au point de cette table (par un procédé aléatoire) ait été influencé par le sujet, ou bien que le sujet ait eu connaissance de cet ordre, quel qu'il soit, par clairvoyance. Ainsi, l'effet PK demandé pour éviter l'interprétation par la précognition se trouverait-il encore augmenté, et il faudrait de plus lui adjoindre un effet de clairvoyance. Bien d'autres procédés d'évitement d'effets parasites sont possibles, et de fait, ils ne dépendent que de l'imagination des chercheurs. Au laboratoire Duke de J.-B. Rhine, la météorologie fut même utilisée. Dans certaines expériences, ce sont les températures minimum et maximum annoncées dans un quotidien de presse qui furent utilisées pour déterminer l'endroit de la coupe du paquet de cartes. Peut-on raisonnablement faire l'hypothèse que le sujet (ou n'importe quel individu impliqué dans l'expérience) a influencé la météo pour que les relevés, effectués de manière totalement indépendante, permettent d'obtenir une chronologie de cartes pré-annoncée ?

Chaque expérimentateur peut alors se demander quel est son seuil – personnel – pour éliminer la notion de PK et retenir l'interprétation par la précognition. Certains ne se trouvent pas de seuil. Ainsi, pour éviter absolument l'idée qu'il serait possible d'appréhender le futur, ces chercheurs soutiendront l'idée que le sujet influence systématiquement son environnement – objet, individu, conditions météorologiques ou autres – afin de le faire correspondre à sa prédiction.

Un peu de statistique

Nous avons évoqué la notion de résultat statistiquement significatif; mais qu'est-ce que ça signifie concrètement ?

Lorsqu'on réalise un test à l'aide de cartes Zener, la question est de savoir à partir de combien de cartes correctement devinées par le sujet l'on peut dire qu'une anomalie statistique est apparue.

Joseph Banks Rhine utilisa très tôt une méthode de calcul simple[1]. Il s'agit de la déviation standard de la loi binomiale. Elle permet d'évaluer quantitativement le résultat d'une expérience à choix forcés. Il ne s'agira plus de dire « on a l'impression que… », mais d'attribuer une valeur numérique au résultat obtenu. La notion de choix forcée est ici très importante puisqu'il faudra connaître la probabilité d'apparition de chaque cible. Dans notre exemple des cartes Zener, nous avons cinq symboles répétés chacun 5 fois dans un jeu complet. Le fait d'avoir 5 symboles différents nous permet de dire qu'à chaque tirage, il y a 1 chance sur 5 en respectant le hasard, pour indiquer la bonne

1. Rhine J.-B., Pratt J.-G., Smith Burke M., Stuart Charles E., *Extra-Sensory perception after sixty years*, New York, Henry Holt And Company, 1940.

carte, si on se contente de l'indiquer « au hasard ». Ces 5 symboles étant répétés 5 fois dans un jeu, lorsqu'on tente de deviner, au hasard, l'ordre des 25 cartes d'un jeu complet, nous pouvons nous attendre à 5 bonnes réponses au hasard. Cela dit, les tirages aléatoires ne sont pas aussi tranchés, et le fait d'obtenir plus ou moins que 5 bonnes réponses peut toutefois rester compatible avec le hasard. Le calcul nous permet donc de dire si le nombre de bonnes réponses est ou non compatible avec le hasard. L'écart quadratique se calcule par la formule $SD = \sqrt{npq}$, dans laquelle n est le nombre de tirages (le nombre de cartes que l'on tente de deviner), p la probabilité de réussite (ici 1/5 : c'est la probabilité d'indiquer la bonne carte au hasard) et q la probabilité d'échec (ici 4/5 : c'est la probabilité d'indiquer une mauvaise carte). À titre d'exemple, si nous effectuons un test comprenant 4 essais successifs du jeu complet de 25 cartes Zener, n sera 4×25, p reste 1/5, et q restera également 4/5. Sur ce test, on peut espérer selon le hasard, $\frac{4 \times 25}{5} = 20$ bonnes réponses. Selon la formule indiquée plus haut, l'écart quadratique sera $SD = \sqrt{4 \times 25 \times \frac{1}{5} \times \frac{4}{5}} = 4$. Il sera alors possible de calculer la raison critique, qui nous indiquera si le résultat du test se maintient ou non dans le domaine compatible avec le hasard.

Si le sujet a obtenu 30 bonnes réponses, la raison critique se calculera par $\frac{30 - 20}{4}$; dans notre cas, le résultat sera 2,5. Nous pourrons dire que ce résultat est statistiquement significatif, et peut laisser supposer l'apparition d'un phénomène psi dans la mesure où toutes les autres causes possibles ont été raisonnablement maîtrisées.

En résumé, si :

– « N » est le nombre de bonnes réponses obtenues,
– « n » le nombre d'essais (le nombre de cartes utilisées),
– « p » la probabilité de réussite (ici 1 chance sur 5),
– « q » la probabilité d'échec (ici 4 chances sur 5),

la raison critique pourra être calculée par $rc = \frac{N - np}{\sqrt{npq}}$.

Voici quelques valeurs utiles de rc :

– rc = 1 : il y a 1 chance sur 6 pour que l'écart observé soit dû au hasard (p = 0,167)
– rc = 2 : il y a 1 chance sur 15 pour que l'écart observé soit dû au hasard (p = 0,067)
– rc = 3 : il y a 1 chance sur 741 pour que l'écart observé soit dû au hasard (p = 0,0013)
– rc = 4 : il y a 1 chance sur 31526 pour

que l'écart observé soit dû au hasard (p = 0,00003)

- Lorsque rc = 2,33, il y a 1 chance sur 100 (p = 0,01) pour que l'écart observé soit dû au hasard. On pourra considérer cette valeur comme un seuil pour déclarer qu'une anomalie statistique a été mise en évidence. On dira alors, pour tout rc > 2,33 que le résultat est significatif.

Cette méthode d'évaluation des résultats pourra être utilisée, dans un premier temps. Mais il existe d'autres possibilités de calculs statistiques, répondant à d'autres conditions de tests, ou permettant d'autres analyses plus fines. Néanmoins, celle-ci pourra être utilisée avec les cartes Zener tel qu'on l'a vu, mais aussi avec un dé à jouer (p = 1/6, q = 5/6), ou des jeux de photos personnelles comme nous le verrons plus loin, etc. Enfin, le calcul sera d'autant plus fiable que le nombre d'essais sera grand. Dans les cas des cartes ou d'un dé à jouer, mieux vaudra tabler sur un nombre minimum de tirages de 100, mais de préférence sans se limiter à ce minimum.

Qualité des cartes

L'usage de cartes Zener a parfois été décrié en raison de la mauvaise qualité de certains jeux.

Mauvaise qualité du papier ou défauts de décoration du dos des cartes. Mais quelle est l'importance réelle de ces critiques ?

Si vous décidez de réaliser une expérience de précognition, vous expliquerez au sujet (la personne susceptible de produire une précognition) que vous utilisez un jeu de cartes Zener. Vous lui décrivez alors la constitution de ce jeu. Vous lui dites que le lendemain vous déposerez sur la table, que vous lui montrez, un jeu complet et battu. Le but de la manip est donc maintenant pour lui de prédire l'ordre des cartes qu'on trouvera dans ce jeu, carte du dessus vers carte du dessous. Le sujet note alors sa prédiction de l'ordre des 25 cartes, et ses notes sont mises en lieu sûr. Le lendemain, l'expérimentateur (vous ou quelqu'un d'autre selon le protocole) prend un jeu de cartes, le mélange, et le dépose à l'endroit indiqué la veille. On peut alors imaginer que le sujet, par vidéo interposée, voit l'expérimentateur découvrir l'ordre des cartes une à une et les noter. Viendra ensuite la comparaison de la prédiction du sujet avec l'ordre noté des cartes. On voit ici que la qualité des cartes n'a aucune importance. Qu'elles soient neuves ou usagées, que les dos présentent des défauts de décoration ou non, que le jeu soit même formé de cartes neuves et de cartes usagées, tout ceci n'a aucune espèce d'importance puisque ces défauts ne permettraient pas de fournir des indications au sujet.

La même approche peut être réalisée pour tout type d'expériences faisant usage de ces cartes. Tant que le protocole n'autorise pas la transmission d'informations, l'état des cartes n'a aucune importance.

Résultat statistiquement significatif

Lorsqu'on utilise un jeu de cartes comme celui du Dr Zener, à chaque essai il existe 1 chance sur 5 de donner la bonne réponse. Lorsque l'ensemble des essais prédéfinis a été réalisé et que le calcul effectué ci-dessus donne une valeur de probabilité « p » qui permet de dire que le résultat est statistiquement significatif[1], cela veut-il dire qu'un événement psi a été mis en évidence ?

Pas nécessairement. Le calcul donne un moyen de comparer un résultat issu d'un protocole d'expérimentation à un résultat obtenu par un processus aléatoire. Il ne va pas plus loin quant à l'interpré-

1. si $p < 0{,}01$ le résultat est dit « significatif ». De fait, la valeur $p = 0{,}05$ ($5{,}10^{-2}$) est la plus souvent utilisée en parapsychologie. Elle correspond à la pratique courante en sciences humaines.

tation des événements mis en jeu. Cela veut dire que la notion d'anomalie dépendra exclusivement du déroulement de l'expérience. Il faudra s'assurer que l'expérience n'a laissé aucune occasion au sujet de connaître le résultat autrement que par précognition. Cette précaution, entre autres, est indispensable à la possibilité d'interpréter l'apparition d'une anomalie (par rapport au hasard) à un quelconque phénomène psi.

Analyse globale de la méthode

Les résultats des tests à choix forcés, en précognition, réalisés entre 1935 et 1987 ont fait l'objet d'une évaluation globale par Charles Honorton et Diane Ferrari[1]. Il apparaît que sur la base de 309 études menées par 62 expérimentateurs et ayant mobilisé 50 000 sujets, pour un total de l'ordre de 2 millions d'essais, l'effet obtenu est faible mais très significatif ($6{,}3 \times 10^{-25}$). Les auteurs répondent également à une critique faite à ce type de calculs statistiques, qui consiste à dire

1. Honorton C. & Ferrari D., "Future telling: a meta-analysis of forced-choice precognition experiments, 1935-1987", *Journal of Parapsychology*, Vol. 53, December 1989.

que lorsqu'un expérimentateur obtient un résultat significatif (qui fait apparaître une cause autre que le hasard), il le publie, et si son résultat n'est pas significatif (conforme au hasard), il le range dans un tiroir de son bureau, ce qui fausserait le calcul global. Tout d'abord l'article rapporte que « seulement » 30 % des résultats sont significatifs, ce qui permet de voir qu'il existe 2 fois plus d'articles aux résultats non significatifs qu'il n'en existe à propos de résultats significatifs. Par ailleurs, les auteurs précisent que pour ramener le résultat global de ces expériences à une valeur non significative il aurait fallu trouver environ 46 études non significatives pour chacune des études rapportées. Le calcul précis indique qu'il aurait fallu de l'ordre de 14 268 études non significatives pour évacuer l'anomalie. Chiffre colossal pour lequel il faut ajouter que ces expériences non-significatives devraient être de qualité au moins égale à celle des expériences significatives. Il ne s'agira pas ici de comptabiliser des résultats obtenus sur un coin de table. L'objection qui consiste à dire que les expériences non-significatives ne sont pas publiées, ne tient pas.

Les auteurs remarquent également plusieurs caractéristiques. Les sujets qui obtiennent des résultats significatifs aux expériences réussissent mieux quand ils sont seuls avec l'expérimentateur que lorsqu'ils sont en groupe. Ils réussissent mieux également lorsqu'ils ont un feedback[1] de leur résultat que lorsqu'ils n'en ont pas.

Honorton et Ferrari pointent une autre caractéristique de ces expérimentations. Alors qu'il est souvent dit que les expériences en parapsychologie ne sont pas répétables, voilà que ce tour d'horizon montre que 23 chercheurs sur 62 ont obtenu

1. Le feedback est le fait que le sujet obtient immédiatement ou non le résultat de son essai. Imaginons un test avec les cartes Zener. L'expérimentateur demande au sujet de deviner la carte du dessus du paquet cible qui sera battu et mis en place dans la minute suivante. Le sujet donne sa réponse et après avoir pris en compte la réponse, l'expérimentateur prend le jeu, le mélange par un moyen automatique, prend la carte du dessus et la montre au sujet, il note enfin le résultat. Dans ce cas, le sujet a obtenu un feedback immédiat. Le test peut alors se renouveler de la même manière. Il faut noter qu'avec cette procédure, il faudra que le test soit renouvelé un nombre de fois multiple de 5 pour pouvoir appliquer un calcul statistique simple. Une autre démarche, qui donnera une exécution plus rapide, consiste à faire prédire l'ensemble de 25 cartes d'un coup et de les vérifier ensuite. Mais dans ce cas, le délai du feedback est sensiblement plus long, et il s'applique non pas à chaque réponse individuellement, mais à un ensemble de 25 réponses.

des résultats significatifs au seuil[1] de 5 % (et ça ne concerne que les expériences de précognition entre 1935 et 1987).

Enfin, Honorton et Ferrari indiquent en conclusion que leur analyse ne montre pas une anomalie singulière du hasard, mais plutôt que l'apparition de la précognition dépend de différents facteurs humains.

LA MÉTHODE À CHOIX LIBRE

LES EXPÉRIENCES DU MAIMONIDES HOSPITAL

C'est à l'occasion de nouvelles découvertes médicales sur les rêves que Montague Ullman, chercheur américain, eut l'idée et la possibilité de monter le Laboratoire du rêve au Maimonides

1. L'expression « significatif au seuil de x % » indique qu'on considère que la probabilité obtenue n'est plus conforme au hasard. Ce seuil est arbitrairement choisi, mais non sans raison, en fonction de l'objet d'étude. En sciences humaines, un seuil de 5 % est communément utilisé. Ça signifie que si le calcul de probabilité donne un résultat inférieur ou égal à 0,05 ($5,10^{-2}$), on pourra considérer avoir mis en évidence un comportement qui n'est pas conforme au hasard.

Hospital, à New York, en 1962[1]. En effet, en 1953, deux médecins américains mettaient en évidence que les rêves sont généralement accompagnés de mouvements rapides des yeux. Dès lors, il devenait possible de réveiller le dormeur immédiatement après ses rêves pour lui demander de les décrire. Après avoir trouvé les ressources pour effectuer des tests préliminaires en 1960, M. Ullman réussit à créer un laboratoire au Maimonides Hospital, qui réalisa des recherches soutenues à partir de 1964 après l'arrivée de Stanley Krippner. Ces expériences étaient relatives à la télépathie, mais elles furent adaptées à la précognition.

Lors de ces expériences il était décidé de sélectionner une photo d'un jeu de 8 à 12 photos, le lendemain matin. Durant la nuit, le rêveur était réveillé après chaque rêve, qu'il devait décrire au mieux. Sa relation était enregistrée. Au matin, ses descriptions étaient notées, par plusieurs juges indépendants, en fonction de leurs correspondances aux différentes images possibles. Le résultat global de ces jugements permettait de classer les images en fonction de leur ressemblance aux

1. John B., *Parapsychology, a concise history*, London, The Athlone Press, Londres, 1993.

discours du rêveur. Si le rêveur n'a effectué aucune prémonition, son discours ne sera pas associé à la bonne photo, si ce n'est par hasard. Dans ces conditions, on peut considérer que si aucune prémonition n'est apparue, les classements des juges sont aléatoires. On peut dès lors appliquer un calcul de probabilité similaire à celui utilisé dans le cas des expériences à choix forcé, et définir si la correspondance entre les images cibles et les images définies par les jugements correspondent plus souvent que ne le laisse prévoir le hasard. Par ailleurs, et ça peut être aussi un avantage de ce type de procédure, les résultats peuvent ne plus consister en des coups au but (bonne image, mauvaise image), mais puisque les images cibles sont classées par ordre de ressemblance aux rêves du sujet, il devient possible d'apprécier si les descriptions s'approchent de manière significative de l'image cible. Il deviendra alors possible de dire que même si la bonne image n'a pas pu être trouvée, les descriptions incorporent des éléments de l'image cible. De ce fait, si on se pose la simple question de l'apparition du phénomène, il n'est pas nécessaire de reconnaître l'image cible (au contraire des cartes Zener, pour lesquelles soit on les devine, soit on ne les devine pas, sans possibilité de « demi-mesure ») pour pouvoir affirmer que l'élément qu'on a voulu isoler a bien été présent, à savoir une prémonition. Nous donnerons un exemple de cette possibilité au paragraphe « *Voulez-vous faire une expérience ?* »

En huit années le laboratoire produisit une quinzaine d'expériences dont sept produisirent des résultats significatifs. Trois participants se révélèrent particulièrement doués, tel Malcom Bessent, médium anglais qui se distingua particulièrement en précognition. Dans l'une de ses séries de tests, selon l'estimation des juges il obtint 7 réussites sur 8 essais. En 1988, Alan Vaughan et Jessica Utts effectuèrent l'analyse statistique de l'ensemble du projet. Ils constatèrent 233 réussites sur 379 essais, ce qui donne une probabilité de l'ordre de 4×10^{-6} (1 chance contre 250 000) pour que le résultat soit dû au hasard[1]. Le travail du Maimonides fut important pour la recherche en parapsychologie en introduisant le rêve dans ce domaine, le laboratoire fut aussi le plus important depuis le laboratoire de J.-B. Rhine, et enfin il permit de populariser la notion d'expérience en « libre réponse ».

1. M. Ullman & Krippner S. with Vaughan A., *Dream, Telepathy : Experiments in Nocturnal ESP*, 2nd ed., Jefferson, N.C. : Mc Farland, 1989

Les expériences du Maimonides Hospital eurent aussi pour effet de cristalliser une question importante. Les résultats significatifs obtenus devaient-ils être attribués au simple fait que le sujet dormait et que le rêve était générateur de psi en lui-même ? ou bien, en considérant d'autres expérimentations ESP particulièrement réussies en utilisant l'hypnose, la relaxation et la méditation, le sommeil représentait-il l'un des états dans lequel les sources parasites extérieures (bruit, soucis quotidiens, etc.) étaient évacués pour laisser place aux signaux plus faibles du psi ?

Charles Honorton, lorsqu'il pris la succession de Stanley Krippner au Laboratoire du rêve en 1974, continua de s'intéresser à cette question, ce qui devait déboucher dans les années 80 à une nouvelle technique expérimentale, le Ganzfeld. Celle-ci vise à isoler sensoriellement le sujet, clairvoyant ou percipient (receveur) dans un essai de télépathie, pour se concentrer sur son ressenti et donc les informations perceptibles par le psi dans cet état. Mais nous ne nous arrêterons pas sur cette technique puisqu'elle n'a pratiquement pas été utilisée en ce qui concerne la précognition.

L'idée d'expériences de « vision à distance » (Remote Viewing) apparut, au début des années 70, lors d'expériences psi menées par les physiciens Harold Puthoff et Russel Targ avec le sujet Ingo Swann[1]. Quelque peu lassé des expériences que les deux chercheurs lui proposaient, Swann leur soumit l'idée qu'au lieu de lui faire deviner le contenu caché de boîtes ou de contenants quelconques, il pourrait essayer de fournir des indications sur un lieu par l'unique moyen des coordonnées géographiques du lieu choisi.

Aussitôt dit, aussitôt fait, voilà que les deux chercheurs proposent à Ingo Swann des coordonnées en longitude et latitude en lui demandant de décrire le lieu. Devant les succès obtenus, un programme du nom de SCANATE fut mis au point au Stanford Research institute, auquel Ingo Swann participa, avec succès, durant quatre ans. Entre autres, un sujet hors du commun apparut en juin 1973, Patrick H. Price qui produisit des résultats au moins aussi

1. Targ R. & Puthoff H., *Aux confins de l'esprit*, Paris, Éd. Albin Michel, 1978.

significatifs[1]. Les protocoles pouvaient varier de la manière suivante. Soit la description du sujet était comparée à la connaissance du lieu par une personne indépendante et dans ce cas, aucun déplacement sur le lieu lui-même n'était nécessaire. Soit un membre du laboratoire (un expérimentateur extérieur) se déplaçait sur le lieu qu'indiquaient les coordonnées afin de servir de support à l'information du récepteur. Bien entendu, celui-ci ne prenait connaissance de sa destination qu'après être parti du laboratoire, et selon un horaire prédéfini.

Alors pourquoi parler de Remote Viewing à propos de précognition ? Russel Targ eut l'occasion de vivre quelques rêves prémonitoires. Par ailleurs, il arrivait de temps à autre que les sujets des expériences de vision à distance rapportent qu'au moment où ils pensaient à l'expérimentation suivante, ils avaient eu l'image de la (future) cible. L'idée est donc venue aux chercheurs d'appliquer leurs techniques de Remote Viewing à la précognition.

Un protocole similaire à celui utilisé en Remote Viewing fut utilisé, à une différence près. Il fut

---

1. Targ R. & Puthoff H., "Informations transfer under conditions of sensory shielding", in *Nature*, CLII, 602-607 (18 octobre 1974).

demandé au sujet de décrire le lieu éloigné vingt minutes avant qu'il ne fut choisi. La procédure se déroulait donc de la manière suivante. L'expérimentateur extérieur quitte le laboratoire et le sujet commence à décrire son lieu de destination. Quinze minutes après le sujet arrête sa description. Vingt minutes après son départ, l'expérimentateur découvre son lieu de destination choisi au hasard. Il arrive sur place quinze minute après.

Ce protocole, appliqué au sujet Hella Hammid pour une série de quatre essais, donna pour résultat ce que H. Puthoff et R. Targ qualifièrent de l'une de leurs plus belles réussites. Les quatre descriptions de H. Hammid furent faites avec une telle précision qu'elles purent, toutes, être associées par les juges aux quatre cibles.

L'utilisation du Remote Viewing dans un contexte précognitif intéressa d'autres chercheurs du *Mundelein College de Chicago*, co-dirigés par J. Bisaha et B.J. Dunne. Ils obtinrent des résultats similaires à ceux du SRI, et en firent une démonstration dans un documentaire diffusé par *CBS News magazine* en janvier 1978.

Ce type de recherche fut repris au PEAR (Princeton Engineering Anomalies Research) par B.J. Dunne et R. Jahn qui publiaient en 1987 un premier compte-rendu[1] sur la base de 334 essais. Leur expérimentation était basé sur un mode ESP global, c'est-à-dire sur un psi relevant de la rétrocognition, la clairvoyance et la précognition. Mais la plupart des données ayant été obtenues dans le cadre de la précognition ils désignèrent leur programme sous le nom de *Precognitive Remote Perception* (PRP). Ils introduisirent également un mode d'analyse permettant de mieux quantifier les descriptions du sujet (le récepteur). Dans pratiquement toutes les expériences antérieures de ce genre, le jugement humain avait une place prépondérante puisque plusieurs juges devaient associer les descriptions du sujet aux cibles possibles pour en dégager, par consensus, la correspondance entre descriptions et cibles effectives. Cette méthode présentait plusieurs failles telles que la compétence des juges à apparier les descriptions et les cibles, leurs différences d'appréciations des descriptions, ou leurs motivations qui pouvaient varier d'une session à une autre, etc. Pour tenter d'échapper à ce facteur humain des juges, les chercheurs ont mis au point une grille de réponses binaires (vrai-

1. Dunne Brenda J. & Jahn Robert G., *Aux frontières du paranormal*, Paris, Éd. du Rocher, 1991.

faux, présent-absent) dont certaines pouvaient éventuellement se décliner en plusieurs types de réponses (comme : prédominant – nettement présent – incertain – absent). L'objectif de cette grille est donc de fournir des données chiffrées pouvant être utilisées dans un calcul de probabilité. Ces questions sont de la forme « y a-t-il des bruits significatifs – klaxons de voiture, voix, chants d'oiseaux... ? » ou « y a-t-il des avions, des bateaux, des trains dans la scène – à l'arrêt ou en mouvement ? ». Cette grille, de l'ordre d'une trentaine de questions, était remplie parallèlement par le sujet (récepteur) et par l'agent (l'expérimentateur extérieur qui se déplaçait sur le terrain). Par ailleurs, l'agent enregistre ses impressions et, autant que possible, prend des photographies du lieu.

L'intérêt de cette analyse est d'obtenir des données chiffrées limitant la problématique du jugement humain. Mais la méthode d'analyse de ces données n'est pas forcément des plus simplistes. Comment établir la référence au hasard de cette méthodologie ?

Puisqu'elle n'existe pas ici, comme c'est le cas pour les cartes Zener, il va falloir construire cette référence qu'on appelle « distribution aléatoire », c'est-à-dire la manière dont se présenteraient les résultats s'ils étaient dus au seul hasard. Et comme cette répartition des résultats est estimée non pas en fonction d'une théorie, mais en fonction de l'observation, on la dira « empirique ». En comparant chaque perception à chaque cible possible, à l'exception de la cible réelle, les expérimentateurs vont obtenir cette distribution aléatoire empirique, qui pourra servir de distribution de référence pour l'analyse d'une perception unique, par rapport à la cible réelle. À cette méthodologie, Jahn et Dunne ajoutent une composante supplémentaire pour pallier à une faille venant du fait que la probabilité d'une réponse sur l'ensemble des cibles possibles sera rarement de 50/50. Par exemple, si un plus grand nombre de scènes de cet ensemble se trouve être en extérieur, plutôt qu'en intérieur, on peut raisonnablement s'attendre à trouver plus d'environnements naturels plutôt qu'artificiels. Les expérimentateurs vont alors pondérer les réponses des sujets en fonction de leur probabilité. Cette méthode ne donnera plus un nombre de bonnes réponses, mais un résultat numérique global qui pourra être comparé au résultat qui aurait été obtenu si toutes les réponses avaient été justes[1].

---

1. Il est accordé un score supérieur à une réponse moins probable, qu'à une réponse plus probable, donc un facteur

En 1987, le résultat de plus de 330 essais ne laissait aucun doute sur l'acquisition psi d'informations par les récepteurs[1].

Enfin, une analyse spécifiquement orientée vers les notions d'espace et de temps met en évidence que la distance entre le récepteur et la cible n'a pas d'influence sur le phénomène, même s'il s'agit de plusieurs milliers de kilomètres. Pas plus, d'ailleurs, que l'aspect temporel : les modalités de rétrocognition, clairvoyance et précognition n'ayant pas d'influence sur les résultats.

Cette description étant superficielle, si l'on souhaite s'intéresser à ces expérimentations il est bien évidemment recommandé de se référer directement aux publications des auteurs. Cette description étant issue de la base de données établie en 1987,

---

de poids *a priori* dans l'ensemble de cibles utilisé. En considérant cette pondération à chacune des concordances de réponses entre sujet et expérimentateur extérieur, on obtient un score pour un essai. Ce score est ensuite divisé par le score maximum si toutes les réponses avaient été concordantes, et sa valeur statistique est obtenue en le comparant à la distribution empirique des scores de référence.

1. La probabilité pour que le résultat obtenu soit dû au hasard était estimé à $1,8 \times 10^{-11}$, pour un seuil généralement choisi à 5×10^{-2}, voire 5×10^{-3}.

les auteurs ont fourni une description complète des méthodes statistiques utilisées durant les 25 ans d'expérimentation, sur un ensemble de 653 essais, dans un article de 2003[1]. Les résultats de 1987 ont ainsi été confortés, et plusieurs analyses secondaires développées. Le résultat en faveur de l'apparition du psi est donné par une probabilité significative (3×10^{-8}), et son apparition sous un aspect précognitif est confirmée dans cette expérimentation.

EXPÉRIENCES SUR LE PRESSENTIMENT

UN RÉSULTAT INATTENDU

L'approche « pressentiment » de l'expérimentation sur la précognition a été mise en lumière au début des années 1980 par une expérience de Holger Klintman[2], psychologue de l'université

---

1. Dunne Brenda J. & Jahn Robert G., "Information and Uncertainty in Remote Perception Research", *Journal of Scientific Exploration*, Vol. 17, N° 2, 2003.
2. Klintman H., "Is there a paranormal (precognitive) influence in certain types of perceptual sequences ? Part I", *European Journal of Parapsychology*, Vol 5 n°1, 1983.
Klintman H., "Is there a paranormal (precognitive) influence

de Lund. Il étudiait les interférences entre perceptions. La procédure consiste, par exemple, à présenter un premier mot à un sujet, suivi dans un bref laps de temps d'un second. Le temps de réaction au second mot est mesuré par la rapidité à prononcer le mot. Il apparaît alors que si la signification du second mot est identique à celle du premier, le temps de réaction est plus rapide que si sa signification est différente. Mais Klintman pense à mesurer le temps de réaction au premier mot afin de mettre au point des temps de références.

Cette analyse le conduit à constater une autre interférence. Il semble que le temps de réaction au premier mot dépend de la signification du second mot. Voilà qui est étonnant puisqu'au moment où le premier mot est présenté, le second n'est pas encore connu. Après avoir confirmé cette anomalie par d'autres essais, Klintman décide de la tester.

Dans des expériences en double aveugle classique[1], il décide alors d'utiliser des couleurs (rouge,

---

in certain types of perceptual sequences? Part II", *European Journal of Parapsychology*, Vol 5 n°2, 1984.

1. Le « double aveugle » est couramment utilisé dans l'expérimentation, et consiste à réduire au mieux l'influence sur la ou les variables mesurées, que pourrait entraîner la

vert, bleu, jaune). Le premier stimuli est une surface d'une couleur prédéfinie projetée devant le sujet. Le deuxième stimuli est le nom de l'une de ces couleurs, projeté devant le sujet dans un bref laps de temps après la surface. La tâche du sujet est de nommer aussi vite que possible le nom de la couleur pour chacun des stimuli (la surface de couleur, et le nom d'une couleur). Lorsque les deux couleurs seront identiques, on sait que le temps de réaction au deuxième stimuli (le nom) sera plus rapide que si les deux couleurs sont différentes. Mais qu'en sera-t-il du temps de réaction au premier stimuli ?

Klintman réalise donc une série de 36 essais dans lesquels la séquence des premiers stimuli est prédéfinie, tandis que les deuxièmes stimuli sont définis aléatoirement. L'analyse statistique des résultats établit de manière significative ($p = 0,015$) que le temps de réponse au premier stimuli est plus court lorsque les deux stimuli sont

---

connaissance d'une information. Il aurait pu consister ici à ce que ni le sujet ni l'expérimentateur ne sache, à chaque essai, comment sont appariés les 2 stimuli. Klintman précise que dans son cas ni le sujet, ni l'expérimentateur ne connaissent même l'hypothèse testée.

de même couleur, alors que ce temps de réaction est plus long lorsqu'ils sont de couleurs différentes. Après avoir passé en revue les différentes possibilités de biais[1] dans le protocole et dans le matériel, il semble bien que le temps de réaction au premier stimuli dépend d'une précognition du deuxième stimuli.

Le pressentiment

Bien qu'il y en ait eu dès les années 60, des expérimentations utilisant des mesures biologiques commencent à se multiplier dans les années 90, avec en particulier la mesure de la conductivité de la peau. C'est le principe du fameux détecteur de mensonges. Ces mesures physiologiques, rythme cardiaque, fréquence respiratoire, résistance cutanée (conductivité de la peau/capteur électrodermal), permettent de mesurer les réactions physiologiques inconscientes et incontrôlées d'une personne soumise à un stress. Ainsi, lors d'une situation de conflit, lors d'une agression ou d'un effet de surprise, la respiration s'accélère, on écarquille les

1. Erreurs de procédures de différentes natures.

yeux, l'attention s'aiguise, on se prépare physiologiquement à réagir au mieux à l'événement.

En 96-97, Dean Radin[1] applique cette particularité à la précognition[2]. Dans une série de quatre expériences, les sujets sont placés devant un écran d'ordinateur. Leur main gauche est équipée pour deux doigts de capteurs de l'activité électrodermale, un autre doigt est équipé d'un capteur pour mesurer le rythme cardiaque et la pression sanguine. Ainsi équipé, le sujet dispose d'une souris d'ordinateur dans sa main droite pour démarrer chaque essai du test de précognition.

Ce test va consister pour lui à voir une photographie affichée sur l'écran de l'ordinateur. Le jeu de photos utilisé est constitué pour deux tiers d'images apaisantes (une centaine environ), et pour un tiers d'images choquantes (une cinquantaine environ). Pour en avoir une idée, une image

---

1. Dean Radin est ingénieur en électronique et docteur en psychologie. Il a été président de la Parapsychological Association en 1988, 1993, 1998, et 2006.

2. Radin D., « Unconscious perception of future emotions : an experiment in pressentiment », *Journal of Scientific Exploration*, Vol. 11 n°2, 1997.

apaisante pourra être une photo de paysage serein, ou d'amis proches, tandis qu'une image choquante pourra être une photo d'activité sexuelle extrême ou de mutilation (ou auto-mutilation) de personne. La proportion 2/3-1/3, ainsi qu'un temps de repos entre les essais ont pour objectif de limiter au mieux l'accoutumance du sujet aux situations de stress[1] générées par les photos choquantes.

Un essai du test commence à la demande du sujet en appuyant sur la souris, suit alors une période de 5 secondes d'attente durant laquelle un ordinateur choisi aléatoirement une photo. Cette photo est présentée au sujet à la fin de cette période et durant 3 secondes. Vient ensuite une période de 10 secondes durant laquelle l'écran reste vide. Enfin, à la fin de cette période, un message invite le sujet à passer à l'essai suivant.

Le résultat de l'activité électrodermale pour un test est estimé en combinant sur un graphique l'ensemble des mesures pour un sujet. Dean

1. Le médecin et physiologiste Pavlov mit en évidence, fin XIXe-début XXe, un effet cumulatif des stimuli, cet effet aura pour conséquences de réduire l'excitabilité d'un sujet à un sujet de stress.

Radin obtient ainsi le diagramme[1] Fig. 2, pour l'un de ses sujets.

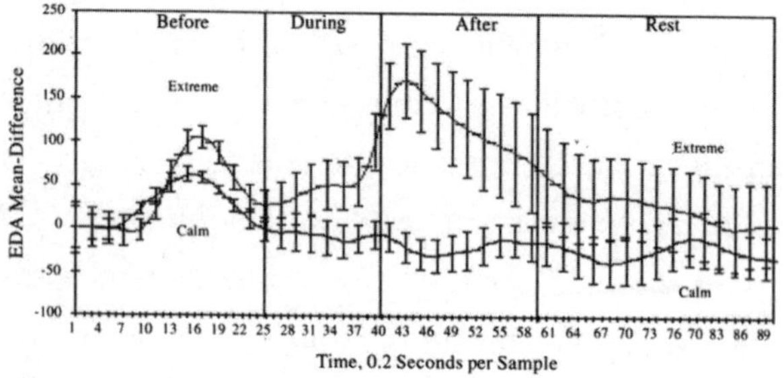

Fig. 2 : Cette figure présente le tracé des réactions électrodermales d'un participant pour un test. Les petites barres verticales représentent les zones d'incertitudes de calcul. La zone « During » correspond à la période durant laquelle l'image est projetée.

La différence de comportement du sujet est clairement visible dans la phase « Before », et le calcul statistique (z-score) réalisé par Dean Radin le confirme. Néanmoins, le protocole des 3 premières expériences prévoyait que le tirage aléa-

1. Radin D., « Unconscious perception of future emotions : an experiment in pressentiment », Journal of Scientific Exploration, Vol. 11 n°2, 1997.

toire de la photo était effectuée au début de la période « Before ». On pourrait donc objecter, la cible étant déjà définie au moment de la réaction du sujet, que le phénomène capté n'est pas une prémonition, mais une clairvoyance. Mais dans la quatrième expérience, le tirage aléatoire de la cible est effectué immédiatement avant sa projection, donc après la réaction anticipée du sujet à une image choquante. Nous sommes donc bien ici dans le cadre d'une prémonition.

En examinant quelques possibilités de biais aux résultats, Dean Radin évoque la critique qui consiste à penser qu'après une ou plusieurs images apaisantes, le sujet prévoit rationnellement qu'une image choquante va apparaître. Il indique que cette possibilité a été estimée par un test de Monte-Carlo[1]. En usant d'une stratégie optimale d'anticipation des photos choquantes, le résultat ne serait pas statistiquement significatif, et trop faible pour rendre compte des résultats obtenus.

Dean Radin ayant fait le rapprochement entre ce genre de précognition et le sentiment vague que

1. Le test de Monte-Carlo est une approche statistique d'estimation de risque. C'est ici le risque d'anticiper rationnellement des photos choquantes.

quelque chose va arriver, ce type d'expériences a été appelé « expériences sur le pressentiment ».

Intéressé par ces résultats, un autre chercheur, le Pr Dick Bierman[1], a voulu reproduire l'expérimentation de Dean Radin à la suite de la convention annuelle de la *Parapsychological Association* au cours de laquelle Dean Radin exposa ses résultats. Il obtint alors des résultats semblables[2]. D'autres expériences sur le pressentiment, sous différentes modalités, sont toujours en cours de réalisation.

Et le cerveau ?

Au cours de la convention de la Parapsychological Association de 2002[3], Dick. Bierman et Steven Scholte présentent ce qu'ils ont observés dans l'activité du cerveau au cours d'une expérience de pressentiment.

---

1. Dick Bierman est docteur en physique expérimentale.
2. Bierman, D. J. and Radin, D. I. (1997), "Anomalous anticipatory response on randomized future conditions.", *Perceptual and Motor Skills,* 84,689.
3. Bierman D.J. & Scholte H.S., « Anomalous Anticipatory brain activation preceding exposure of emotional and neutral pictures", in *Proceedings of the 45th Annual Convention*, Parapsychological Association, 2002.

En utilisant un protocole similaire au précédent (Radin 1996, Bierman & Radin 1998, 2000), ils ont suivi l'activité du cerveau par Imagerie à Résonance Magnétique[1] (IRM). Ils remarquent alors que de grandes zones du cortex visuel sont le siège d'une activité plus importante après des stimuli émotionnels par rapport à des stimuli apaisants. Toutes les zones montrant cette différence d'activité ont donc aussi une réponse aux stimuli apaisants sauf au niveau ou autour de la zone amygdale[2]. Les résultats suggèrent que l'activation de ces zones est plus importante avant les stimuli émotionnels qu'avant les stimuli apaisants. Pour les hommes, cette augmentation d'activité apparaît pour les images érotiques, alors que pour les femmes, elle apparaît aussi bien pour les images violentes que pour les images érotiques.

Dans cette présentation, les auteurs discutent leurs résultats, ainsi que les difficultés d'analyse.

1. L'imagerie par résonance magnétique nucléaire (IRM) est une technique d'imagerie médicale permettant d'avoir une vue 2D ou 3D d'une partie du corps, notamment du cerveau.

2. L'amygdale ou complexe amygdalien est un groupe de neurones du cerveau en forme d'amande. Elle est impliquée dans les émotions en particulier dans la peur et l'agression.

Ils mentionnent clairement que c'est la première fois qu'une recherche de ce type est réalisée et qu'il est donc nécessaire de mettre au point une technique d'analyse fiable. Cette recherche doit être considérée comme exploratoire et demande des développements futurs.

Mais ne semble-t-elle pas prometteuse ?

LE PROJET CONSCIENCE GLOBALE

Avant de décrire cet aspect de la recherche, faisons un détour par les RNG (Random Number Generator)[1]. Dans les descriptions précédentes, les termes « tirage aléatoire » ou « procédé aléatoire » ont été utilisés à plusieurs reprises. Mais que veulent-il exactement dire ?

LE GÉNÉRATEUR NUMÉRIQUE ALÉATOIRE

Lorsqu'on souhaite organiser une série d'événements au hasard, l'homme ne sachant pas le faire intuitivement il est nécessaire d'utiliser un outil pour générer des suites de nombres aléatoires.

1. GNA en français : Générateur Numérique Aléatoire.

Après s'être servi d'outils mécaniques pour utiliser directement le hasard dans des expériences, ou des outils mathématiques pour simuler le hasard pour obtenir des suites de nombres permettant d'organiser des expériences, les chercheurs tentèrent de trouver un outil permettant de générer un hasard véritable. Pour exemple, une expérience de psychokinèse qui demandait de tenter d'influencer la chute d'un dé devait prévoir de lancer le dé mécaniquement pour ensuite comparer le chiffre du dé à l'objectif de sortie assigné au sujet. Le processus était long puisqu'il fallait faire tournoyer une boîte contenant le dé, autour d'un axe métallique et libérer le dé pour le faire tomber sur un tapis de jeu. L'arrivée de l'électronique permit d'accélérer considérablement le processus. L'objectif n'était plus d'influencer le dé, mais d'influencer l'électronique pour que le résultat obtenu, l'apparition d'un chiffre sur un afficheur digital, corresponde à l'objectif d'influence imposé au sujet. Divers essais pour trouver l'instrument électronique adéquat furent tentés, tel que le dispositif de William Giroldini[1] qui utilisait des aléas de fonctionnement des composants électroniques.

1. Giroldini W., « Eccle's Model of Mind-Brain Interaction

Mais le véritable bond en avant est celui réalisé par Helmut Schmidt[1], physicien, qui eut l'idée d'utiliser des sources radioactives, et de mettre en œuvre cette technique dans une expérience de précognition. Celle-ci fut d'ailleurs hautement significative en faveur d'un effet de précognition. Ce nouveau matériel avait aussi l'avantage d'être transportable, mais tout le monde ne dispose pas d'une source radioactive dans son laboratoire. Il fallut donc attendre la mise en œuvre d'un nouveau composant électronique, la diode de bruit[2], pour véritablement démocratiser l'usage des sources réellement aléatoires.

Ces matériels qui fonctionnent sur la base de processus quantiques (donc complètement imprévisibles), fournissent après traitement électronique des successions de 0 et de 1. Il permet-

---

and Psychokinesis : a preliminary study », *Journal of Scientific Exploration*, Vol. 5, 1991.

1. Schmidt H., « Precognition of quantum process », The Journal of Parapsychology, Vol. 33 n° 2, 1969.

2. Dunne B.J., Jahn R.G., Nelson R.D., *Technical note PEAR 85003*, Engineering Anomalies Research Laboratory, Princeton University, Princeton, NJ 08544.

tent également d'obtenir une donnée aléatoire très rapidement. Il s'agit ici de plusieurs centaines voire de milliers de chiffres 0 ou 1 par seconde qui sont utilisables directement par l'informatique. Il n'est donc plus nécessaire d'activer une mécanique pour réaliser un jeté de dé, ce qui prend beaucoup de temps pour obtenir 1 essai de psychokinèse. Voilà qu'il est possible de demander de réaliser cette psychokinèse sur plusieurs centaines de données aléatoires en 1 seule seconde. Plus besoin de demander au sujet d'énoncer l'ordre de 25 cartes Zener, pour attendre le lendemain que l'expérimentateur mélange mécaniquement un jeu de cartes et pour comparer l'ordre du jeu obtenu à la prédiction du sujet de la veille. Il devient possible de demander au sujet de prévoir la couleur d'une ampoule qui s'allumera quand il aura appuyé sur un bouton. À l'instant de cette action, le tirage aléatoire est réalisé. Le logiciel allume l'ampoule correspondante (verte si tirage d'un 0, rouge si tirage d'un 1), et le logiciel enregistre tous ces paramètres et résultats, pour fournir automatiquement le résultat global du test. Il sera possible de réaliser autant d'essais que souhaité, tant que le sujet sera motivé, de manière plus ludique, et automatisée.

Les GNA (Générateur Numérique Aléatoire) actuels sont réalisés à partir de cette fameuse diode de bruit, et sont commercialisés, par des sociétés indépendantes, pour un prix abordable. Ils peuvent être utilisés dans tous les domaines de la science nécessitant une source aléatoire.

Premières constatations

En 1995, Dean Radin et Roger Nelson suggérèrent, à partir d'expériences de psychokinèse sur des GNA, qu'il pourrait exister un champs d'action PK. Plutôt que de s'intéresser à l'action d'1 individu sur un GNA, l'idée était qu'un groupe de personnes pouvait générer, de manière inconsciente, un champs susceptible de modifier le comportement aléatoire d'un GNA. Ainsi, en 1995-1996, Dean Radin, Roger Nelson, Dick Bierman et Richard Blasband conduisent une quinzaine d'expérimentations aux méthodologies légèrement différentes, pour tester cette hypothèse.

Le principe de ces expériences était de disposer un GNA au plus près d'un groupe de personnes, voire parmi celles-ci, pour voir comment ce GNA allait se comporter. En ce qui concerne Dean Radin, ces expériences se déroulèrent à l'occasion de plusieurs manifestations publiques telles qu'un show dans un casino de Las Vegas, la remise des Oscars de 1995, la cérémonie d'ouverture des jeux Olympiques de 1996, etc. Ces expériences, par leurs résultats positifs, amenèrent la notion d'un champ global de conscience. Il semble que le comportement d'un générateur aléatoire est modifié, de manière mesurable, par l'attention d'un groupe d'individus orientée vers un objectif commun. Elles confirmèrent ainsi l'intérêt de poursuivre l'exploration de cette nouvelle démarche. Fort de ces constatations[1], l'une des voies ouvertes fut celle du GCP (Global Consciousness Project).

La démarche de Roger Nelson

En 1997 à Freiburg en Allemagne, eut lieu une réunion de parapsychologues et de psychophysiologistes discutant de l'utilisation des mesures physiologiques dans les expériences de parapsychologie. Lors d'une pause, Dean Radin émit l'idée d'un électroencéphalographe planétaire (« World EEG ») constitué de GNA. Le projet prit

1. Nelson R.D., Bradish G.J., Dobyns Y.H., Dunne B.J., Jahn R.G., « FieldREG anomalies in group situations", Journal of Scientific Exploration, Vol.10 n° 1, 1996.

corps sous le nom de EGG[1] (ElectroGaïaGram[2]). Fin 1998, le projet atteint sa maturité par la mise en place d'un réseau de générateurs aléatoires autour de la planète. Une trentaine de laboratoires et de particuliers, appelés des nœuds, mettent à disposition leurs moyens informatiques.

Chaque nœud du réseau est équipé par un GNA qui effectue 200 tirages aléatoires par seconde (200 valeurs 0 ou 1), et envoie périodiquement ces données à Roger Nelson par Internet. Ces données sont stockées et traitées statistiquement pour être mises en relation avec des événements pouvant s'être produits n'importe où sur la planète. Roger Nelson identifie 3 types d'événements susceptibles d'analyse. D'abord, les événements périodiques importants comme le passage à une nouvelle année ou les jeux Olympiques, etc. Un autre type d'événements sera des évènements ponctuels, comme l'enterrement d'une person-

---

1. Nelson D., « Correlation of global events whith reg data : an internet-based, nonlocal, anomalies experiment », *The Journal of Parapsychology*, Vol. 65, September 2001.
2. L'hypothèse Gaïa est la théorie selon laquelle la totalité de la matière terrestre vivante sur Terre fonctionne comme un vaste organisme.

nalité mondialement connue. Il peut s'agir aussi d'un phénomène astronomique d'importance, comme le fut l'éclipse de Soleil de 1999. Enfin la troisième catégorie regroupe les événements imprévisibles tels des attentats, des tremblements de terre, des événements qui retiennent l'attention d'une bonne partie de la population mondiale.

La première analyse fut appliquée au bombardement des ambassades des États-Unis au Kenya et en Tanzanie, le 7 août 1998. Roger Nelson décide d'analyser ce que les EGG ont relevé. Il choisit une période de temps allant d'une demi-heure avant l'événement à 3 heures après (le temps que la nouvelle se diffuse). Pour le petit intervalle de temps marquant l'événement lui-même, par leur activité non aléatoire, les GNA ont indiqué une modification de leur comportement ($p = 0{,}035$)[1]. Le calcul, en étendant ces données à trois heures après l'événement, donnait un résultat hautement significatif ($p = 0{,}00066$) de leur activité anormale.

Ainsi, les succès prometteurs obtenus jusqu'en septembre 1999 incitèrent le Dr R. Nelson à pré-

---

1. Rappel : $p < 0{,}05$ indique un résultat statistiquement significatif : apparition d'une anomalie.

senter le projet, en indiquant que le nombre croissant de bons résultats amenaient à considérer que la conscience de l'homme pouvait avoir un effet, subtile certes mais mesurable, sur l'ensemble de la planète. Des expériences scientifiques et des expériences vécues de symbiose de pensées entre personnes montraient que des états de conscience collectifs de groupes de personnes pouvaient être détectés par l'instrumentation appropriée[1].

Et la prémonition ?

Peut-être vous dites-vous « mais nous sommes loin de la prémonition ? ». Eh bien pas si loin finalement. Que pensez-vous qu'il se soit passé le 11 septembre 2001 ? Nous nous souvenons tous de cet effroyable attaque terroriste sur le World Trade Center et le Pentagone aux États-Unis.

À cette époque, 37 EGG[2] étaient actifs dans le réseau du GCP. Après avoir défini une période de temps de 10 mn avant le premier crash jusqu'à 4 heures après, R. Nelson applique son calcul

1. Nelson R.D., « The Global Consciousness Project », *The Journal of Parapsychology*, Vol. 63 n°3, septembre 1999.
2. Un EGG est un nœud du réseau de GNA disposés autour de la planète.

statistique standard. Il apparaît que la probabilité du comportement des GNA ($p = 0{,}028$[1]) présente une anomalie statistiquement significative. Autrement dit, l'hypothèse de base est vérifiée: l'annonce de l'attaque terroriste semble avoir stimulé la focalisation des pensées d'un nombre suffisant de personnes pour créer le champs nécessaire à orienter le comportement des GNA.

Mais l'analyse va plus loin[2]. En traçant ce que les statisticiens appellent la variance, le GCP obtient la figure 3.

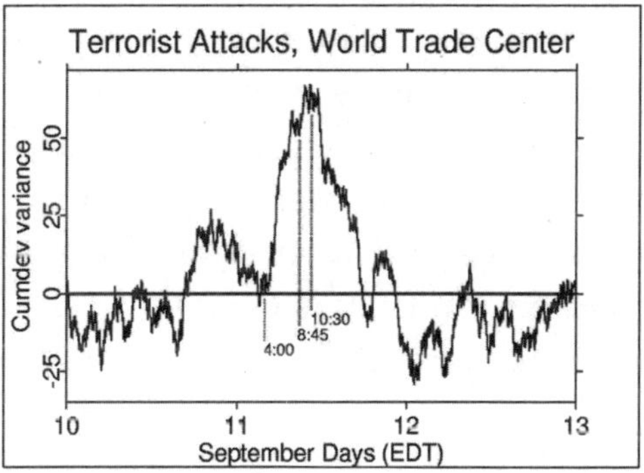

Fig. 3: Variance des données du 10 au 13 septembre. Le premier crash est à 8 h 45

---

1. Voir http://noosphere.princeton.edu/terror.html
2. Voir http://noosphere.princeton.edu/papers/gathering.pdf

Tôt dans la journée du 11, les EGG commencent à montrer un comportement étonnant qu'on ne retrouve nulle part ailleurs dans la base de données accumulées durant quatre ans. D'autre part, on peut voir directement sur le graphique que ce comportement anormal des EGG commence vers 4 h du matin, soit près de quatre heures avant le premier crash. Soit quatre heures durant lesquelles la communauté mondiale a senti monter l'imminence d'un événement tragique hors du commun. Quatre heures durant lesquelles on se dit « aurions-nous pu faire quelque chose ? ». Voilà que le scientifique se trouve face à ce sentiment d'impuissance auquel nombre de personnes se trouvent confrontées au matin, après un rêve choquant, dont il ne comprend pas réellement le contenu, mais qui trouvera sa signification dans la journée, la semaine, le temps futur. Le GCP, ou un développement futur, pourrait-il être utilisé comme système d'alerte ?

La suite du GCP

À l'heure actuelle, le GCP compte quelque 103 EGG[1] répartis sur la planète. Il en existe deux en

---

1. voir http://noosphere.princeton.edu/

France. L'un, installé à Paris en toute fin 1999, est géré par l'Institut Métapsychique International. L'autre, installé à Toulouse en toute fin 2000, est géré par moi-même. L'exploitation des données continue d'être assurée par R. Nelson et son équipe dans laquelle on peut mentionner Greg Nelson, John Walker, Dean Radin, Dick Bierman, Rick Berger et Paul Bethke entre autres chercheurs impliqués dans le projet.

LA PRÉMONITION CHEZ LES ANIMAUX

L'expérimentation animale n'est pas courante en parapsychologie. Lorsqu'on envisage ensuite la prémonition, le champs des réalisations se réduit encore davantage. Nous avons vu précédemment que l'un des cas possibles est relatif à des témoignages d'avertissements de catastrophes naturelles telles que des tremblements de terre ou des tsunamis. Mais très vite, l'idée d'une sensibilité physique accrue, par rapport à celle de l'homme, fait son apparition et limite l'approche par le psi. N'oublions pas que la possibilité des éléphants à communiquer à longue distance est restée inconnue pendant longtemps. Certains, un peu trop rapides à vouloir interpréter directement une situation naturelle, en venaient à parler de télépathie. Mais il est apparu que les éléphants et les girafes peuvent communiquer par infrasons, sur une distance étonnamment importante.

L'expérimentation animale apparaît donc aussi difficile qu'il est difficile de demander à une souris à quoi elle rêve. Néanmoins, le Pr Rémy Chauvin[1] a réalisé une expérience de précognition avec des souris en 1968, montrant ainsi que difficile n'est pas impossible[2].

Le dispositif utilisé, autant que possible automatisé, consiste en une cage dont le plancher est divisé, dans sa longueur, en deux plaques métalliques égales. Entre les plaques, un dispositif dans toute la largeur de la cage permet d'injecter du courant afin de forcer la souris à se tenir d'un côté ou de l'autre, sans ambiguïté. Le but de l'expérience va donc consister à électrifier aléatoirement

---

1. Chauvin R., *Quand l'irrationnel rejoint la science*, Paris, Éd. Hachette, 1980.

2. Duval P. et Montredon Evelyn, « Esp experiments with mice », The Journal of Parapsychology, Vol. 32 n° 3, sept 1968. Note : Pierre Duval était un pseudonyme pour Rémy Chauvin.

l'une des deux plaques constituant le plancher de la cage. Parallèlement un système photoélectrique, dans chacune des deux moitiés de la cage, permet de connaître la position de la souris et ainsi de savoir si elle a subi ou non le choc électrique. Les nombres de chocs subis par la souris dans chacune des deux moitiés de la cage sont comptabilisés, et les tirages aléatoires enregistrés.

L'hypothèse sera que si la souris est susceptible de précognition, elle se déplacera sur la plaque non électrifiée avant le choc. Le courant est bien entendu adapté pour déranger sensiblement la souris, mais sans lui causer davantage de désagrément. Mais tout n'est pas si simple. Rémy Chauvin, biologiste et entomologiste, considère le comportement de la souris. Le but de cette précaution est d'extraire les essais durant lesquels le psi est susceptible d'apparaître, en les distinguant du comportement réflexes de la souris. Ces comportements réflexes consistent soit à s'échapper d'une situation stressante, soit à ne plus rien faire du tout, paralysée par l'angoisse ou la fatigue. Ainsi, il ne retient que les cas dans lesquels la souris n'a pas été choquée, et change de moitié de cage, en réalisant donc un choix positif si elle évite un choc, ou un choix négatif si elle subit un choc.

Alors que la probabilité d'être choquée est de 50 %, l'expérience montre que les souris évitent d'être choquées 359 fois sur 612 actions. Le résultat montre que les actions des souris ne sont pas aléatoire ($p < 0{,}001$). Elles ont agi comme si elles avaient pu prévoir, dans une certaine mesure, le côté de la cage qui allait être électrifié.

Cette expérience illustre la difficulté de mettre au point un protocole expérimental viable, que ce soit avec l'animal ou avec l'homme. En effet, il aurait été facile de considérer qu'il est suffisant de placer des souris dans cette cage et de relever le nombre de fois qu'elles reçoivent un choc en se disant que si elles préfèrent éviter la grillade, il leur suffit de changer de côté. Mais le biologiste et entomologiste a su isoler, si ce n'est les conditions parfaites d'apparition du psi, au moins deux conditions très spécifiques à ses conditions expérimentales qui auraient parasité le résultat.

On en revient ainsi à la signification du calcul statistique. Celui-ci n'indique pas qu'il y a eu apparition du psi ou non. C'est le protocole expérimental qui établit cette possibilité. Ainsi, cette expérimentation, après avoir éliminé les raisons qui auraient pu conduire la souris à avoir une connaissance normale du résultat, a considéré les raisons qui pouvaient parasiter l'effet. C'est-à-dire qu'elle a pris en compte, aussi, les meilleurs conditions pour faire apparaître le psi. Si l'on souhaite réaliser une expérience dont le résultat ait une chance de refléter une réalité objective, il paraît important de mettre en œuvre ces deux conditions simultanément.

Cette expérience fut reproduite par d'autres chercheurs[1] avec des gerbilles et des hamsters. Ils automatisèrent davantage le protocole et obtinrent les mêmes résultats.

LES APPLICATIONS DE L'ÉTUDE DES PRÉMONITIONS

Comme nous l'avons vu précédemment, les résultats du GCP pourraient laisser envisager une possibilité d'application dans la mise en œuvre d'une procédure de prévision de catastrophes. Néanmoins à ce stade de l'expérimentation il serait largement prématuré d'aller plus loin que d'en émettre simplement l'idée.

---

1. Levy W.J., Davis J.W. and Mayo L.A., « An improved method in a precognition test with jirds », *The Journal of Parapsychology*, Vol. 37 n° 2, 1973.
Levy W.J., Davis J.W. and Mayo L.A., « A precognition test with hamsters », *The Journal of Parapsychology*, Vol. 37 n° 2, 1973.

En 1956, W.E. Cox[1] publiait un article à propos d'une étude d'accidents ferroviaires. L'idée était que peut-être les voyageurs pouvaient avoir le pressentiment, tout à fait inconscient, d'un accident ferroviaire qui les mènerait à éviter de prendre le train ce jour-là. Il réunit des données officielles du nombre de passager des trains les jours d'accidents, et aussi des jours précédents. L'usage de ces données fut fait sur l'idée que le hasard aurait pour effet une répartition aléatoire des jours de plus faible fréquentation. Si la prémonition intervenait, il devrait être possible de montrer que les jours de plus faible fréquentation seraient, de manière statistiquement significative, plus fréquents les jours d'accidents.

Sur 28 trains de voyageurs assis et couchés, il s'intéressa aux données en les considérant par trains couchettes et trains sans couchettes. Il considéra dans les deux cas, les jours précédents, et également le même jour de la semaine durant les semaines précédentes. Enfin, il considéra l'ensemble des données simultanément. Globalement il obtint des résultats statistiquement significatifs (pour 4 grou-

1. Cox W.E., « Precognition : an analysis. II : Subliminal Precognition », *Journal of American Society for Psychical Research* (1956) 50, 3.

pements de données sur 6). Par exemple, en considérant chacun des jours de la semaine précédant les jours d'accidents il obtint une probabilité qui ne vérifiait pas l'hypothèse du hasard. Autrement dit il semblait bien que les voyageurs achetaient moins de billets pour ces jours malheureux.

Il apparaît bien ici que du chemin a été fait depuis les cartes Zener. On se trouve bien dans la vie courante, avec peut-être une application dans une méthode d'évitement d'accident. En serait-il de même pour tous les moyens de transports ?

Cette étude de W.E. Cox a été unique et, il faut bien le dire, sur un nombre de données restreint. Lui-même a qualifié son étude d'exploratoire. Aussi il faudra sans doute attendre que des sociétés de transport mettent à disposition des données similaires en cessant de croire qu'elles puissent nuire à leur image.

VOULEZ-VOUS FAIRE UNE EXPÉRIENCE ?

S'il vous prenait l'envie de réaliser votre propre expérience, comment pourriez-vous vous y prendre ? L'une des possibilités pourrait être d'utiliser un protocole utilisant des images. Ce type de matériel sera sans aucun doute plus agréable que les fameuses cartes Zener. Vous aurez besoin :

– d’images constituant les cibles,
– de trois juges qui devront associer les descriptions des sujets aux cibles potentielles,
– de sujets ; les personnes qui seront susceptibles de produire des prémonitions,
– de trois dés à jouer,
– d’une calculette.

Il s’agira tout d’abord de définir une douzaine de lots d’images de significations aussi différentes que possible. Par exemple, il est possible de définir un lot de photos de fleurs, un lot de photos d’animaux terrestres, d’animaux marins, de sites touristiques, de véhicules de transport, de matériels électroniques, de sportifs en action, d’instruments de musique, d’activités professionnelles, de paysages, d’images urbaines, etc. Ces images pourront provenir de diverses sources possibles comme des images libres de droits, trouvées sur Internet ou prises par vous-même. Chacun des thèmes est alors repéré par un nombre allant de 2 à 12. La raison de ces différents lots est de disposer de photos cibles aussi distinctes que possible, mais aussi de s’assurer que le sujet ne saura pas quels thèmes apparaîtront. Si vous ne définissez que six thèmes, comme il faudra sélectionner une image par thème, le sujet connaîtra par avance les thèmes des photos. Par contre si onze thèmes sont définis, comme les onze cités précédemment, le sujet ne connaîtra pas, par avance, les thèmes utilisés puisque les six utilisés seront tirés au sort parmi onze. Lorsque toutes ces images seront disponibles, vous pourrez commencer l'expérience que nous allons détailler maintenant.

Après l'avoir installé confortablement, vous demandez à un sujet de décrire par un texte écrit, agrémenté de dessins, l'image qui sera sélectionnée et qui lui sera montrée à la fin de l'essai. Il faut garder à l'esprit qu'il est préférable de réaliser l'ensemble de l'essai, de la description par le sujet à l'obtention du résultat, le plus rapidement possible. Nous avons vu précédemment que la grande majorité des prémonitions se jouent en deux jours.

Lorsque le sujet a terminé sa description dans le temps imparti que vous aurez convenu avec lui, vous récupérez sa copie, qu'il aura pris soin de ranger sous enveloppe. Vous lui demandez alors d'effectuer le lancé d'un dé, hors de votre présence, qui indiquera le numéro de l'image cible définitive. Après avoir effectué le lancé, il inscrit le numéro obtenu sur un papier qu'il range dans une enveloppe fermée. Vous récupérez alors cette enveloppe, qui ne sera ouverte qu'à la fin de l'essai. Par précaution, le sujet ne doit avoir aucun contact avec les juges durant toute la durée de l'essai, et il ne doit plus avoir de contact avec vous jusqu'à la fin de cet essai. Et si le sujet ne connaît même pas les juges, la précaution n'en sera que meilleure.

Vous pouvez alors sélectionner six thèmes de photos. Ceci peut se faire en utilisant deux dés à jouer, dont le total indiquera un numéro de thème (ils sont numérotés de 2 à 12). Les dés seront donc jetés au moins six fois afin de déterminer six thèmes de photos.

Chaque lot (thème) de photos doit contenir seize images, numérotées de 3 à 18. Vous devez maintenant sélectionner une photo par thème. Pour cela, vous lancez six fois de suite, une fois par thème, trois dés dont le total indiquera le numéro d'une photo par thème. Vous obtenez alors les six images cibles potentielles, que vous numérotez de 1 à 6. Il vous est alors possible de préparer le matériel à destination des juges. Pour cela, vous préparez trois enveloppes contenant chacune une copie de la description faite par le sujet, ainsi que les six photos que vous avez sélectionnées de manière aléatoire par les dés. Afin de ne pas influencer les juges, ceux-ci ne devront pas connaître le numéro associé à chacune des photos.

Vous transmettez alors une enveloppe à chacun des trois juges. Ceux-ci s'installent dans des pièces différentes afin de garder leur indépendance de jugement. Leur rôle est alors de définir un ordre des images allant de la moins ressemblante à la description, à la plus ressemblante, en utilisant un barème allant respectivement de 1 à 6. Lorsqu'ils ont terminé leur classification, les juges introduisent leurs notes dans leur enveloppe respective, et vous la rendent.

Vous avez maintenant tous les éléments pour établir le résultat de l'essai. Pour cela, pour chaque image, vous additionnez les scores donnés par les juges et vous divisez le résultat par 3. Vous obtenez donc une note allant de 1 à 6 pour chacune des photos.

Il vous est maintenant possible de prendre connaissance du numéro de la photo, défini par tirage au sort par le sujet, au début de l'essai. Ce numéro désigne le numéro de la photo cible, c'est-à-dire la photo qu'il fallait deviner. Pour cette expérience, dont nous tâchons de limiter la complexité, nous allons focaliser l'analyse vers un résultat « bon » ou « mauvais ». Pour cela, si la photo dont le numéro est celui de la cible, a obtenu un score supérieur à 3,5 nous dirons qu'il s'agit d'une réussite. La description du sujet est proche de l'image. Si le score est inférieur à 3,5 il s'agit d'un échec. La description du sujet est éloignée de l'image. Il n'y aura pas de demi-mesure. Un seuil est choisi, il sera impératif de le respecter. Ainsi, si la moyenne des scores indique 3,33 le résultat est un échec. Si cette moyenne est de 3,66 c'est une réussite. Ce procédé permet d'obtenir, au fil des essais, une série de 0 (pour un échec) et de 1 (pour une réussite) sur laquelle il est possible d'appliquer le calcul décrit au chapitre des statistiques.

Imaginons que vous réalisiez 30 essais. Il sera préférable d'utiliser alors plusieurs sujets. Une seule personne se lasserait rapidement. Entre 5 et 10 essais par sujet pourrait être un compromis intéressant. Imaginons que vous obteniez 22 succès. Par ailleurs la probabilité d'obtenir un succès est de 0,5 (1 chances sur 2), et donc le nombre de succès espéré sera de 30 × 0,5 = 15. La probabilité d'échec est de 0,5. Vous calculerez donc :

$$rc = \frac{22 - 15}{\sqrt{30 \times 0{,}5 \times 0{,}5}} = 2{,}55.$$

Puisque le résultat est supérieur à 2,33 vous serez en droit de penser que l'hypothèse du hasard n'est pas vérifiée. Donc quelque chose d'anormal s'est produit, c'est-à-dire que les prédictions des sujets s'approchent significativement plus de la bonne réponse, qu'elles ne s'en éloignent. Mais ce n'est pas ce chiffre, mais le soin que vous aurez apporté à réaliser cette expérience pour qu'à aucun moment l'un des participants n'ait eu connaissance du résultat par un biais normal, qui vous permettra de penser qu'une prémonition semble être apparue. Nous restons, bien sûr, dans le conditionnel puisqu'une réussite heureuse ne sera pas suffisante pour affirmer qu'une prémonition est apparue. Il faudra répéter l'ensemble de l'expérience en y apportant toujours plus de soin pour éviter toute connaissance normale d'apparaître. Et le protocole proposé ici, bien que déjà assez solide, est améliorable. Ce n'est donc qu'après plusieurs réussites de l'ensemble de l'expérience et d'un calcul plus global que vous pourrez soutenir judicieusement la mise en évidence de la prémonition.

À présent, si vous souhaitiez pouvoir affirmer de manière plus forte la mise en évidence de la précognition, ou si vous souhaitiez sélectionner des sujets dont les réussites sont plus fréquentes que pour d'autres sujets, il est possible de choisir un seuil de calcul (la moyenne des scores) plus restrictif.

Vous pourriez décider que pour déclarer un succès il ne suffit plus que la moyenne des scores se situe dans la moitié la plus forte des moyennes possibles, mais dans le quart le plus fort des moyennes possibles. Il sera alors nécessaire d'utiliser un seuil de 4,25 pour la moyenne des scores. Cette valeur donnerait une probabilité de réussite de $p = 0{,}259$ (environ 1 chance sur 4), et une probabilité d'échec de $q = 0{,}741$ (environ 3 chances sur 4).

Avec 22 réussites sur 30 essais, le calcul précédent deviendrait $rc = \frac{22 - (30 \times 0{,}259)}{\sqrt{30 \times 0{,}259 \times 0{,}741}} = 5{,}93$.

Ce résultat serait autrement plus significatif que le précédent. À titre d'exemple, dans ce cas de figure, 14 bonnes réponses au lieu de 22 donneraient encore un résultat significatif.

CONCLUSION

La recherche en parapsychologie s'oriente vers une théorie globale du psi (EPS et PK confondues) qui doit répondre à 2 questions. D'une part, de quelle manière une information est-elle transférée entre l'environnement et l'individu ? D'autre part, de quelle manière cette information interagit-elle avec l'individu pour qu'il en prenne conscience ?

Pour aborder ces questions théoriques, il sera possible de se reporter à l'ouvrage de J.I. Harvey et C.A. Watt, cité en bibliographie.

L'AVENIR DE LA RECHERCHE DANS CE DOMAINE

L'avenir de la recherche se trouve indubitablement dans la poursuite des expérimentations actuelles, telles que celles sur le pressentiment conjointement aux mesures physiologiques et en particulier en ce qui concerne le fonctionnement du cerveau. Par ailleurs, il sera intéressant d'explorer dans une notion de prémonitions de masse et des rapports entre prémonition et psychokinèse l'aspect prédictif des expériences de Roger Nelson. Les théories doivent être explorées et poussées à leur limites, telle le MPI de W. von Lucadou, comme les théories se basant sur la physique quantique. Mais aucune piste à ce jour ne peut être négligée. Dans les derniers numéros de JSE (*Journal of Scientific Exploration*) des chercheurs publient des propositions d'expérimentations à propos de modèles mémoriels en faisant l'hypothèse que certaines zones de la mémoire pourraient réagir à des événements futurs à l'image de leur activité lorsqu'on se souvient d'un événement du passé[1]. Littéralement le sujet se « souviendrait » du futur.

Mais l'avenir de la recherche pourra être assurée dès l'instant où une application pratique sera mise en œuvre autour de la prémonition, comme de tout autre phénomène considéré par la parapsychologie. Toute application d'envergure permettrait en effet de mettre en évidence l'existence objective du phénomène, et sans doute apporter

1. Taylor J., « Memory and precognition », *Journal of Scientific Exploration*, Vol. 21 n° 3, 2007

les ressources humaines et financières indispensables à une recherche orientée vers la compréhension du phénomène.

QUE FAIRE SI ON VIT UNE PRÉMONITION ?

S'il s'agit d'un rêve prémonitoire qui satisfait l'une des caractéristiques évoquées précédemment, il est impératif de rédiger le rêve dès le réveil. Il pourra être utile d'envoyer une copie de cette rédaction à un tiers, comme un proche. Si l'objet de la prémonition supposée semble proche dans le temps, il est possible de le raconter de vive voix à une personne de confiance. Dans l'éventualité où l'événement pressenti se réalise, il est nécessaire de rédiger également le déroulement de l'événement. À défaut, l'ensemble de la rédaction peut être faite lorsque le caractère prémonitoire d'un rêve apparaît face à la situation vécue, mais il est évident que le caractère d'authenticité sera moindre. Divers facteurs peuvent altérer la mémorisation de l'acte prémonitoire (le rêve par exemple). Dans tous les cas, il ne faut alors négliger aucun détail, aussi anodin puisse-t-il paraître. Il ne faut pas hésiter à regrouper les documents relatifs à la prémonition, tels que des documents écrits, des photos, des objets, les vérifications effectuées.

Quand un nombre suffisant d'éléments apparaissant solides sont mis en évidence, il est alors possible de contacter les organismes pouvant apporter quelques éléments de réponse ou simplement enregistrer le témoignage pour une utilisation dans une étude en cours ou à venir.

À l'heure actuelle, seuls quelques organismes peuvent remplir ce rôle. Il s'agit de :

- SOSPSEE[1] : Service d'Orientation et de Soutien des Personnes Sensibles aux Expériences Exceptionnelles. Ce service a été réalisé dans le cadre des activités de l'*Institut Métapsychique International*, fondation reconnue d'utilité publique, à Paris.
- INREES[2] : Institut de Recherche sur les Expériences Extraordinaires. Il s'agit d'une association récente qui a pour objectif de sensibiliser les praticiens de santé aux expériences dites extraordinaires.

Si ces organismes n'étaient pas en mesure de vous répondre rapidement, ils seront susceptibles de vous orienter vers des parapsychologues connus et dignes de confiance.

---

1. SOSPSEE : http://www.metapsychique.org/Presentation-de-SOS-PSEE.html
2. INREES : http://www.inrees.com/

BIBLIOGRAPHIE ET RÉFÉRENCES

1. LIVRES

Broughton R.S., *Parapsychologie, une science controversée*, Paris, Éd. du Rocher, 1995

Harvey J. I. et Watt C. A, *An introduction to parapsychology*, Jefferson, McFarland, 2007

Méheust Bertrand, *Histoires paranormales du TITANIC*, Paris, Éd. J'ai Lu, 2006

Méheust Bertrand, *Somnambulisme et médiumnité*, T1 : *Le défi du magnétisme,* T2 : *Le choc des sciences psychiques*, Paris, Les empêcheurs de tourner en rond, 1998

Radin D., *La Conscience invisible*, Paris, Éd. Presses du Châtelet, 1997

Richer C., *Traité de Métapsychique*, Bruxelles, Éd. Artha Production, 1994 (pour la 3e édition)

Ryzl M., *La Recherche en parapsychologie*, Éd. Christian H. Godefroy, 1960

Richet C., *L'Avenir et la prémonition*, Paris, Éd. Montaigne, 1931

1.1. Références diverses

Chauvin R., Le retour des magiciens, Agnères, Éd. JMG, 2005

Costa de Beauregard O., *Le Temps déployé*, Éd. du Rocher, Monaco, 1988

Costa de Beauregard O., *La physique moderne et les pouvoirs de l'esprit*, Éd. Le Hameau, Paris, 1980

Dune B.J., Jahn R.G., *Aux frontières du paranormal*, Monaco, Éd. du Rocher, 1991

Gutierez G., *Les Aventuriers de l'esprit*, Paris, Éd. Presses du Châtelet, 2005

Krippner S., *Les pouvoirs psychiques de l'homme*, Monaco, Éd. du Rocher, 1985

Odier M., *Phénomènes insolites*, Lausanne, Éd. Favre, 2006

Roux A., Krippner S., Solfvin G., *La Science et les pouvoirs psychiques de l'homme*, Paris, Éd. Sand, 1986

Sheldrake R., *Le Septième Sens*, Monaco, Éd. du Rocher, 2004

Si Ahmed D., *Comment penser le paranormal*, Paris, Éd. L'Harmattan, 2006

Varvoglis M., *La Rationalité de l'irrationnel*, Paris, Éd. InterEditions, 1992

2. DVD

Psi Explorer :

- Rêves prémonitoires, télépathie, action de l'esprit sur la matière… Autant de phénomènes déroutants qui remettent en cause notre conception de la réalité.
- Voir : http://psiland.free.fr/biblio/psiexplorer/psi_exp.html

3. Sites Internet

Les Aventuriers de l'Étrange :
http://psiland.free.fr/sud_radio/
PsiLand : http//PsiLand. org

Organisations de parapsychologie :

Institut Métapsychique International :
http://www.metapsychique.org/
Parapsychological Association :
http://www.parapsych.org/
Society for Scientific Exploration :
http://www.scientificexploration.org/
Princeton Engineering Anomalies Research :
http://www.princeton.edu/~pear/
Global Consciousness Project :
http://noosphere.princeton.edu/
De nombreux autres liens sont disponibles à partir de la page : http://psiland.free.fr/webrefs.html

Générateurs numériques aléatoires :

http://www.protego.se/sg100_en. htm
http://www.randomnumbergenerator.nl/home.html

TABLE DES MATIÈRES